パンケーキ
プロフェッショナルテクニック

有名シェフの創作&新提案

旭屋出版

Some Like it ~~Hot~~ Thick

お熱（厚）いのがお好き。

　パンケーキは、パンなのか、ケーキなのか。スイーツとしてだけでなく、食事としても親しまれているので、こんな疑問も生じるが、パンケーキの「パン」はフライパンの「パン」。手軽に焼けるのが特徴で、「グリドルケーキ」という別称もある。日本では、「ホットケーキ」という呼び名も浸透している。

　では、パンケーキとホットケーキは、本来は違いがあるのか。日本のミックス粉のメーカーでは、甘い生地のスイーツ系は「ホットケーキ」とし、食事に向く生地が甘くないものは「パンケーキ」と名称を区別しているところがある。パンケーキ発祥と言われるイギリスでは、生地は甘くなくてもいいようだし、アメリカではパンケーキは甘いのが前提とされる。英語圏では「パンケーキ」と呼ぶと言われ、「ホットケーキ」は和製英語だとする説もあるが、アメリカでもホットケーキは通じる地域があるようだし、パンケーキより厚みのあるものをホットケーキと呼んで区別するという説もある。

　つまるところ、甘いのも甘くないのも親しまれ、厚いのも薄いのも親しまれ、できたても冷めてからのも親しまれてきたのが、パンケーキと言える。定義があいまいというのではなく、パンケーキは、定義などにこだわらないで広く親しまれてきたようだ。

今回、本書で登場するパンケーキは、各店でメニューに加えているものもあるが、ほとんどが、シェフによる創作・新作のパンケーキばかり。シンプルなパンケーキには不朽の魅力があるが、多彩なデコレーションのパンケーキも、豪華版パンケーキも、ひと目で心を奪われるものが多い。
　フワフワの生地にフルーツとホイップクリームの組み合わせは、ショートケーキのような、デザート系パンケーキの王道だ。
　また、もちっとした生地に、チーズやハムやスモークサーモンの組み合わせは、食パンのサンドイッチのような、食事系パンケーキの王道だ。
　例に挙げたショートケーキも食パンも日本独特のもので、日本人に好まれる味わいなので広く長く親しまれてきた。一説には和製英語とされるホットケーキの呼び名でも浸透してきたパンケーキに、ショートケーキと食パンに共通するロングセラー的魅力を発見できるのは、こじつけだろうか。
　そう考えて、「パンケーキはパンなのか、ケーキなのか」を再考すると答えが変わってくる。パンケーキは、日本では（食）パンの魅力もあり、（ショート）ケーキの魅力もある食べ物だと。だから、パンケーキは日本人に愛され続ける。

だから、パンケーキは愛され続ける。

2　Some Like it Hot(Thick). お熱(厚)いのがお好き。

3　だから、パンケーキは愛され続ける。

10　デザート系 パンケーキ

12　リコッタチーズ
　　パンケーキ

26　ドームパンケーキ

14　チョコバナナの
　　パンケーキ

28　ショコラパンケーキ
　　オレンジとパイナップルと
　　バナナのソース
　　ショコラアイスのせ

16　ヨーグルトの
　　パンケーキ
　　カシスとベリーのソース
　　バニラアイス添え

30　パンケーキ
　　チェリーの
　　赤ワイン煮仕立て
　　バニラアイスクリーム添え

18　カシス入り
　　パンケーキ
　　オレンジとグレープフルーツの風味
　　ピスタチオソース

32　パンケーキ
　　オレンジの
　　キャラメルソース仕立て
　　チョコレートのソルベ添え

20　自家製
　　ヘーゼルナッツソースの
　　ミルクパンケーキ

34　パンケーキ
　　アンクルート

22　パンケーキショコラ
　　～赤い果実のソースを添えて～

36　パンケーキババ

24　バナナとリンゴの
　　マロンパンケーキ

38　リンゴのパンケーキ
　　ノルマンディー風

パンケーキ
プロフェッショナル テクニック
contents

40 パンケーキの
カレー風味と
チョコレートムース

54 ヴィーナ
オムレット

42 紅茶とフランボワーズの
パンケーキの
フルーツサンド

56 ダッチベイビー

44 リコッタ入り
パンケーキの
スフレ仕立て

58 サンフルールの
パンケーキ

46 プチパンケーキと
フルーツの
パフェ見立て

60 シトラス
パンケーキ

48 バタークリームと
ドライフルーツの
プチフール仕立て

62 トロピカル
パンケーキ

50 2種類のパンケーキの
チョコレートフォンデュ

64 ティラミス
パンケーキ

52 カイザーシュマーレン

66 ミックスベリー
パンケーキ

68 食事系 パンケーキ

70 ツナとベーコンの
パンケーキ

82 トウモロコシの
パンケーキ

72 北イタリア風
パンケーキ

84 パンケーキ＆
豚のピカタ

74 リコッタチーズの
パンケーキ
スモークサーモンの
タルタル添え

86 パリジェンヌ
パンケーキ

76 そば粉の
パンケーキ
ゴルゴンゾーラチーズ・
ピカンテのソース

88 パンケーキ
バーガー

78 ホタテと黒ダイの
ソテーのパンケーキ

90 タイ風
パンケーキ

80 牛フィレ肉と菜の花の
パンケーキ

92 パンケーキマダム

パンケーキ
プロフェッショナル テクニック
contents

94　パンケーキムッシュ

106　トマトのパンケーキと
エスプーマの
モツァレラの
バジルソースがけ

96　パンケーキと
牡蠣のソテー

108　パラチンケン

98　パンケーキのグリエ

110　ライベクーヘン

100　仔牛のクリーム、
ブロッコリーの
パンケーキ添え

112　カイザーシュマーレン
サラダ添え

102　野菜のパンケーキ
庭園風

114　ローストビーフ
サンドイッチ風
パンケーキ

104　アボカドディップと
スティック野菜と
パンプキンと
ニンジンのパンケーキと
黒ごまのパンケーキ

116　サラダ風
オープンサンド
パンケーキ

118　ジャガイモ
すりおろし入り
パンケーキ

ご登場いただいた シェフの お店紹介 & INDEX

- 掲載しているパンケーキは、本書のために創作したもので、一部を除いて各店で通常提供していないものです。
- 各店の営業時間、定休日などのショップデータは、2015年4月現在のものです。
- 大さじは15㎖、小さじは5㎖、1カップは200㎖です。
- 生クリームのところに表記している%は乳脂肪分で、チョコレートのところに表記している%はカカオ分です。
- 材料の呼び名、使用する道具・機器の名称は、各店での呼称に準じているところもあります。
- 加熱時間、加熱温度などは、各店で使用している機器を使った場合の数値です。

オークウッド
掲載ページ　12 14 70

住　所　埼玉県春日部市八丁目966-51
電　話　048-760-0357
営業時間　10時～19時
　　　　　カフェ 11時～19時（L.O.18時30分）
定休日　水曜日（祝日の場合翌木曜日）、
　　　　（火曜日・不定休）
http://www.www.oakwood.co.jp

著名な横田秀夫オーナーシェフによる、材料にこだわり、素材のあるがままのおいしさを大切にしたお菓子が人気の洋菓子店＆カフェ。

パティスリー モンプリュ
掲載ページ　16 18

住　所　兵庫県神戸市中央区
　　　　海岸通3-1-17
電　話　078-321-1048
営業時間　10時～19時
定休日　火曜日
http://www.montplus.com

正統派フランス菓子の腕をふるう林　周平オーナーシェフ。テイクアウト、カフェ、製菓教室に加え、製菓材料の小ロット販売もおこなう。

パティシエ エス コヤマ
掲載ページ　20 22

住　所　兵庫県三田市ゆりのき台
　　　　5-32-1
電　話　079-564-3192
営業時間　10時～18時（一部店舗を除く）
定休日　水曜日
　　　　（祝日の場合営業。翌木曜日休み）
http://www.es-koyama.com

毎年パリで開かれるショコラのコンクールで、2011年の初出品以来4年連続最優秀賞を受賞した小山進オーナーシェフ。2003年のオープン以来、地元だけでなく、全国各地から多くの人が訪れる。

パティスリー ジョエル
掲載ページ　24 26 28

住　所　大阪府大阪市中央区北浜
　　　　4-3-1 淀屋橋オドナ0102
電　話　06-6152-8780
営業時間　11時～21時
　　　　　土曜日・祝日11時～20時
定休日　日曜日
http://www.joel.co.jp

東京、フランスでのレストラン勤務経験もある木山　寛オーナーシェフパティシエ。淀屋橋ブッセ、御堂筋カステラなど、日本人好みを意識して開発した人気商品もある。

イタリア料理 タベルナ アイ
掲載ページ　72 74 76

住　所　東京都文京区関口3-18-4
電　話　03-6912-0780
営業時間　平日 ランチ　11時30分～14時（L.O.）
　　　　　　　　ディナー 17時30分～21時30分（L.O.）
　　　　　土曜日・日曜日・祝日
　　　　　　　　　　12時～21時30分（L.O.）
定休日　火曜日
　　　　（祝日の場合営業。翌水曜日休み）
http://www.taverna-i.com

産地直送する地方色豊かな旬素材を用いた、今井寿オーナーシェフのイタリア料理が評判の店。気軽な「タベルナ」使いを提案する。

パンケーキ
プロフェッショナル テクニック
contents

パティスリー
ラ・ノブティック

| 掲載ページ | 30 32 |

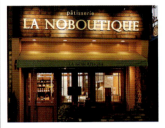

住　所　東京都板橋区常盤台2-6-2
　　　　池田ビル1階
電　話　03-5918-9454
営業時間　10時～20時
定休日　不定休
　　　　http://www.noboutique.net

数々の名店で腕を磨いた日髙宣博シェフが、2010年10月にオープン。旬の素材にこだわった生菓子、豊富に揃える焼き菓子のほか、予約で低糖質菓子にも対応。

ビストロ
ラ・ノブティック・ビー

| 掲載ページ | 78 80 |

住　所　東京都板橋区常盤台1-7-8
　　　　そえいゆ常盤台106
電　話　03-6279-8003
営業時間　ランチ　12時～15時（料理L.O.）
　　　　ティータイム　15時～17時30分
　　　　ディナー　17時30分～22時30分
　　　　　　　　　　（L.O.21時30分）
定休日　水曜日・第2火曜日

パティスリーが2014年に出店したビストロ。豊富な経験を持つ酒巻浩二シェフによる本格フレンチとワインを、リーズナブル価格で気軽に楽しませる。

フランス料理
レ・クリスタリーヌ

掲載ページ	34 36 38 40 42
	82 84 86 88 90
	92 94 96 98

住　所　東京都港区南青山5-4-30
　　　　カサセレナ1F
電　話　03-5467-3322
営業時間　11時30分～14時（L.O.）
　　　　18時～21時30分（L.O.）
定休日　無休
　　　　http://www.lcn-g.com

パリ、南仏で修業した田中彰伯オーナーシェフの一号店。一皿にフレンチと光の演出を表現するアートな料理に定評がある。渋谷に『コンコンブル』、新宿に『クロッソニエール』がある。

レ・サンス

| 掲載ページ | 44 46 48 50 100 |
| | 102 104 106 |

住　所　神奈川県横浜市青葉区新石川
　　　　2-13-18
電　話　045-903-0800
営業時間　ランチ　11時～14時30分
　　　　ティータイム　14時30分～16時30分
　　　　ディナー　17時30分～21時
定休日　月曜日
　　　　http://www.les-sens.com

南フランスの三ツ星レストラン出身の渡辺健吾オーナーシェフが作る本格フレンチを、プチコースから気軽に楽しめる。

ノイエス

| 掲載ページ | 52 54 56 |
| | 108 110 112 |

住　所　東京都港区赤坂7-5-56
　　　　OAG-HAUS（ドイツ文化会館）1F
電　話　03-3560-9860
営業時間　9時～23時（L.O.22時）
定休日　不定休
　　　　http://www.neues.jp

ウィーン、南ドイツの名店で修業した野澤孝彦シェフが、現地の食文化の魅力を発信しているカフェ&レストラン。ドイツ人のお客様も多い。

フルーツパーラー
サンフルール

| 掲載ページ | 58 60 62 114 |
| | 116 118 |

住　所　東京都中野区鷺宮3-1-16
電　話　03-3337-0351
営業時間　7時～19時
定休日　火曜日
　　　　http://kudamono.a.la9.jp
　　　　http://fruitacademy.jp

フルーツアーティストであり、フルーツカッティングの学校「フルーツアカデミー」の代表である平野泰三氏がオーナーシェフのフルーツパーラー。

メゾン・ド・ヴェール

| 掲載ページ | 64 66 |

住　所　愛知県名古屋市千種区東山
　　　　元町3-70　東山動植物園内
電　話　052-753-6503
営業時間　9時～16時50分
定休日　施設に準ずる
　　　　http://www.pokkacreate.co.jp/
　　　　shops/detail/182

東山動物公園内の池のほとりという立地を意識し、全面ガラス張りの店舗に。店名は"ガラスの家"を意味する。

カフェ・ド・クリエ DEN
天神駅前福岡ビル1F

| 掲載ページ | 64 66 |

住　所　福岡県福岡市中央区天神
　　　　1-11-17　福岡ビル1F
電　話　092-732-5820
営業時間　平日　8時～23時
　　　　土曜日・日曜日・祝日
　　　　　　　　8時30分～23時
定休日　無休
　　　　http://www.pokkacreate.co.jp/
　　　　shops/detail/170

ワンランク上の客層を意識し、"大人の小部屋""書斎"をイメージして開発した新たなコンセプトショップ。

デザート系のパンケーキ

リコッタチーズパンケーキ

リコッタチーズとサワークリームを生地にたっぷりと使い、軽くしっとりとした食感とコクを出した。ひと手間かけたフレッシュ感のある自家製ブルーベリーソース、たっぷりのクレームシャンティーを組み合わせて魅力をアップ。粉の配合量が少なく口溶けが非常によいが、フライパンで焼くと裏返すときに壊れやすいのでスポンジケーキ型に入れてオーブンで焼くのがおすすめ。まとめて焼いて冷凍可能。

デザート系のパンケーキ

オークウッド オーナーシェフ **横田 秀夫**

パンケーキの生地

[材料] 4人前
（直径15cmのセルクル 5枚分）
リコッタチーズ…100g
サワークリーム…50g
牛乳…75g
卵黄…50g
薄力粉…90g
ベーキングパウダー…0.4g
卵白…100g
レモンの皮…0.3個分
グラニュー糖…30g
トレハロース…20g
無塩バター…20g

[作り方]
1 薄力粉、ベーキングパウダーは、一緒にふるっておく。
2 リコッタチーズ、サワークリームを混ぜ合わせる。
3 ほぐした卵黄に、2を混ぜ合わせる。
4 3に牛乳を3〜4回に分けて加えて混ぜ合わせ（a）、1を加えて混ぜ合わせる。だまがなくなる程度に馴染むとよい（b）。
5 卵白にレモンの皮をすりおろしたもの、トレハロースを加え、泡立てる。七分立てになったら、グラニュー糖を加えながら八分立てまで泡立てる。
6 4に5のメレンゲを加え、ボウルを回しながらゴムベラで底からさっくりと混ぜ合わせる（c）。
7 スポンジケーキの型の内側に無塩バターを塗り、底に紙をしく。紙の上からとセルクルの側面も無塩バターを塗り（d）、6の生地（1枚分125g）を入れる。上の方をやさしく平らにならし、220℃のオーブンで8〜10分焼く（e）。

ブルーベリーソース

[材料] 4人前
ブルーベリー
（冷凍ホール）…50g
水…25g
水飴…18g
グラニュー糖…43g
ペクチン…1.8g
グラニュー糖…5g
ブルーベリー
（フレッシュ）…75g
カシスリキュール…5g

[作り方]
1 水、水飴、グラニュー糖を小鍋に入れ、火にかける。温まったら冷凍ブルーベリーを加え、ホイッパーでブルーベリーを潰しながら中火から強火で沸騰させ（f）、火を止める。
2 ペクチンとグラニュー糖を混ぜ合わせ、1に加える。再度火にかけて沸騰させ、弱火にして1、2分加熱し、火を止める。
3 2にフレッシュのブルーベリーを加えて混ぜ合わせる。もう一度火にかけ、80℃まで加熱し火を止める（g）。
4 3にカシスリキュールを加える。ボウルに移し、ボウルの底に氷をあて急冷する（h）。

Point

クレームシャンティ

[材料] 4人前
生クリーム（38%）…200g
グラニュー糖…10g

[作り方]
生クリームにグラニュー糖を加え、泡立てる。

仕上げ

[材料]
パンケーキ…1台
ブルーベリーソース…60g
クレームシャンティ…50g

[作り方]
1 パンケーキが焼きあがったらセルクルからはずし、パンケーキを四等分にカットし、皿に盛り付ける。
2 ブルーベリーソースをかけ、クレームシャンティを添える。

口溶けのいい生地に、
半生フルーツソースがぴったり！

チョコバナナのパンケーキ

デザート系のパンケーキ

オークウッド オーナーシェフ 横田秀夫

チョコレートとバナナという、定番で確かなおいしさの組み合わせ。パンケーキの生地は、薄力粉をしっかりと使った昔ながらのパンケーキらしい基本の生地で、デザート系全般にアレンジが可能。バナナは完熟した甘味の強いものを選び、生地の焼き上がりに合わせてバターソテー。温かいチョコレートソースをかけて。

パンケーキの生地

[材料]
（直径15cmで5枚分）
薄力粉…250g
重曹…2g
塩…4g
全卵…2個
バニラエッセンス…5滴
牛乳…250g
ハチミツ…30g
卵白…70g
グラニュー糖…30g
トレハロース…10g
無塩バター…25g

[作り方]
1 薄力粉、重曹、塩は、一緒にふるっておく。
2 全卵、バニラエッセンス、牛乳、ハチミツを混ぜ合わせる。
3 卵白にトレハロースを加え、泡立てる。七分立てになったら加えながら八分立てまで泡立てる。
4 2に3のメレンゲを加え、初めはホイッパーでざっくり、さえて底から混ぜ合わせる（a-1・2）。
5 フライパンに無塩バターを入れて温め、4の生地を流し入れてごく弱火にかける。フタをして4〜6分焼く(b)。上面が焼き固まるまではフタをなるべく開けない。きれいな焼き色がついたら、生地を裏返し、2分程焼く(c)。

チョコレートソース

[材料] 5人前
チョコレート
（カカオ55%）…120g
牛乳…50g
生クリーム(38%)…40g
水飴…20g
無塩バター…20g

[作り方]
1 牛乳、生クリーム、水飴を鍋に入れて沸騰させる。
2 刻んだチョコレートに1を半分入れ、よく混ぜ合わせる（d-1・2）。
3 残りの1も加えてよく混ぜ合わせる(e)。
4 バターを加えてよく混ぜ合わせる。

バナナのソテー

[材料] 5人前
バナナ…5本
バター…適量
グラニュー糖…適量

[作り方]
1 バナナは、1cm幅でスライスする。
2 フライパンにグラニュー糖を薄く広げて火を点ける。グラニュー糖が溶けてフツフツとしてきたらバターを加え、フライパンをまわしてバターを溶かして全体に行き渡らせる（f-1・2）。
3 バターが溶けたらバナナを手早く並べ、フライパンをゆすって焦げ付かないようにしながらソテーする。バナナが色づいたら返して同様にソテーする（g-1・2）。

クレームシャンティ

[材料] 4人前
生クリーム(38%)…200g
グラニュー糖…10g

[作り方]
生クリームにグラニュー糖を加え、泡立てる。

温かいソースと熱々のバナナソテーで！

仕上げ

[材料]
- パンケーキ…1枚
- チョコレートソース…50g
- バナナソテー…1本分
- アーモンドスライス…適量
- クレームシャンティ…50g

[作り方]
1. 焼き上げたパンケーキを四等分し、皿にのせる。熱々のバナナソテーをのせ、温めたチョコレートソースをかける。
2. 焼いたアーモンドスライスを飾り、クレームシャンティを添える。

ヨーグルトのパンケーキ
カシスとベリーのソース　バニラアイス添え

生地にヨーグルトを加えて焼いて、しっとり感と爽やかな味わいのパンケーキに。フレッシュのカシスやイチゴ、ブラックベリーとキイチゴのピューレのソースとヨーグルト入り生地の相性はピッタリ。全体にふりかけるベルジョワーズのやさしい甘味が生地とベリーのソースの爽やかさを引き立てる。

デザート系のパンケーキ　パティスリー モンプリュ オーナーシェフ 林 周平

パンケーキの生地

[材料]
（直径12cmの生地　12枚分）
- 薄力粉…160g
- グラニュー糖…12g
- ベルジョワーズ…8g
- ベーキングパウダー…12g
- 塩…3g
- 全卵…60g
- 牛乳…200g
- ヨーグルト…100g
- ヴァニラエッセンス…1滴
- 溶かしバター（無塩）…36g

[作り方]
1. 薄力粉、グラニュー糖、ベルジョワーズ、塩、ベーキングパウダーは、一緒にふるっておく。
2. 卵を溶きほぐし、1に加えて粉の中央で混ぜ、続いて少しずつ牛乳を入れてホイッパーで全体に混ぜていく（a-1・2）。
3. 全体に混ぜたらヨーグルトを加えて混ぜ、混ぜながらバニラエッセンス、溶かしバターを加える（b）。生地は冷蔵庫で30分ほどねかせる。ねかせたほうが焼いたときの色づきが安定する。
4. テフロンのフライパンを温めて弱火に落し、油を引かないで生地を流す（c）。気泡で表面に出てきたら、ひっくり返して焼く（d）。

Point

カシスとベリーのソース

[材料]（12皿分）
- カシス…50g
- ブラックベリー…50g
- イチゴ…50g
- グロセイユ…50g
- キイチゴのピューレ…50g
- グラニュー糖…15g

[作り方]
1. キイチゴのピューレを火にかけて、沸いてきたら砂糖を加えて溶かす。
2. カシス、ブラックベリー、イチゴ、グロセイユを加えて合わせる。
3. フルーツが半生の状態で火からおろしてボウルに移し、氷水に当てて急冷する。

仕上げ

[材料]
- パンケーキ…2枚
- カシスとベリーのソース…40g
- バニラアイスクリーム…1デッシャー
- 粉糖…適量
- ベルジョワーズ…適量
- ミントの葉…適量

[作り方]
1. パンケーキを皿に盛り付け、上にベルジョワーズを振る。
2. バニラアイスを添え、カシスとベリーのソースをかける。粉糖をふったミントの葉を添える。

ヨーグルト入り生地の爽やか風味

カシス入りパンケーキ
オレンジとグレープフルーツの風味 ピスタチオソース

デザート系のパンケーキ

パティスリー モンプリュ オーナーシェフ　林 周平

「しっとり」を超えた、「じとっと」くる食感の生地が特徴。カシスホールは砕いて皮を残して生地に混ぜ、この独特の食感の中にカシスの果実感もしっかり味わえるようにした。カシス入りパンケーキ2枚で、オレンジとピンクグレープフルーツの果肉をサンドして盛り付け。ピスタチオを混ぜたアングレーズソースもアクセントに。

パンケーキの生地

[材料]
（直径7cm×1.5cmの
　セルクル　10枚分）
薄力粉…20g
バター（無塩）…20g
牛乳…117g
サワークリーム…50g
クリームチーズ…50g
ロウマジパン…67g
卵黄…27g
グラニュー糖…20g
オレンジの皮
　…1/3個分
コーンスターチ…10g
カシスホール…100g
メレンゲ
├ 卵白…100g
└ グラニュー糖…33g

[作り方]
1 鍋にバターを溶かし、溶けたら火を止めて薄力粉を加えてよく混ぜる。よく混ざったら弱火にして、とろみが出てツヤが出るまでよく混ぜる（a）。
2 ツヤが出てきたら、弱火のままで常温の牛乳を混ぜながら少しずつ加える（b）。なめらかになるまで、よく混ぜる（c）。
3 2が温かいうちにサワークリームとクリームチーズとボウルで合わせてダマがなくなるまでホイッパーで混ぜる（d）。
4 柔らかくしておいたロウマジパンに少量の3を合わせてゴムベラでよく混ぜる。よく混ざったら、また少しの3を加えてよく混ぜる（e）。
5 混ざったら4を3に戻してホイッパーでよく混ぜてから、卵黄、グラニュー糖、オレンジの皮を加えて混ぜる。続いてコーンスターチを加えてホイッパーで混ぜる。
6 カシスホールをハンドミキサーで潰す。皮を残して潰すくらいがいい（f-1）。これを5に加えてよく混ぜる（f-2）。
7 メレンゲを作る。卵白を泡立てて、全体がほぐれたらグラニュー糖を加え、しなやかなメレンゲにする（g）。
8 メレンゲの一部を6と合わせてゴムベラで混ぜ、続いて残りのメレンゲを加えてざっくりとメレンゲを潰さないように混ぜる（h）。
9 天板にオーブンシートを敷いてバターを薄く塗る（分量外）。セルクルを置き、セルクルの内側にもバターを薄く塗って、8の生地を絞り入れる（i）。180～190℃のオーブンで10分ほど焼き色を見ながら焼く。

ピスタチオソース

※アングレーズソースに、その10%のピスタチオペーストを混ぜたもの。

仕上げ

[材料]
パンケーキ…2枚
ピスタチオソース…50g
オレンジ果肉…2～3房
ピンクグレープフルーツ果肉…2～3房
ピスタチオのサブレ…適量
ピスタチオソース…適量
粉糖…適量

[作り方]
1 焼き上げたパンケーキは、ペティナイフをセルクルに差し入れて抜く。
2 皿にパンケーキを1枚のせ、その上にピンクグレープフルーツとオレンジをのせ、もう一枚のパンケーキを重ねる。
3 粉糖を全体にふり、上にピスタチオのサブレを飾り、ピスタチオソースをまわりにかける。

カシスホール入りの新食感パンケーキ

デザート系のパンケーキ

パティシエ エス コヤマ オーナーシェフ 小山 進

自家製ヘーゼルナッツソースのミルクパンケーキ

スフレのように口溶けがよく、それでいて食感もいい生地のバランスを考えて強力粉を配合。ヘーゼルナッツソース、キャラメルバナナ、エスプーマシャンティとの一つひとつとの組み合わせの楽しみはもちろん、生地だけ食べても「おいしくて止まらない」風味をプラスするために焼きたてを有塩バターとグラニュー糖で仕上げる。

パンケーキの生地

[材料]
（直径12cmの生地　2枚分）
卵黄…10g
牛乳…30g
バニラエクストラクト…1滴
薄力粉…16g
強力粉…4g
グラニュー糖…10g
プードルクレーム…5g
ベーキングパウダー…0.2g
メレンゲ
　卵白…25g
　グラニュー糖…8g
溶かしバター（有塩）…適量

[作り方]
1. 薄力粉、強力粉、グラニュー糖、プードルクレーム、ベーキングパウダーは、一緒にふるっておく。
2. 卵黄と牛乳をホイッパーでよく混ぜ、バニラエクストラクトを加えて混ぜる。
3. 1に2を3回に分けて混ぜ合わせる（a）。
4. 卵白にグラニュー糖を数回に分けて入れ、しっかりしたメレンゲを作る（b）。
5. 4に3を3回に分けて混ぜ合わせる（c）。
6. フライパンを熱して、薄く油（分量外）を引いて弱火にかけて生地を流し、フタをして焼く。焼き色を見て、ひっくり返す。
7. 焼いたらフライパンから取り出し、熱いうちに溶かしバターを塗り、グラニュー糖（分量外）を振る（d-1・2）。

a

b
Point

c

d-1

d-2

ヘーゼルナッツソース

[材料] 作りやすい量
牛乳…60g
プードルクレーム…1g
自家製プラリネ…15g
生クリーム（35％）…15g

[作り方]
1. 少しの牛乳でプードルクレームを溶かし合わせてから、残りの牛乳と合わせ、生クリームとともに手鍋に入れて火にかける（e）。沸かしてアルファ化させる。
2. プラリネに1を少しずつ加えて混ぜ、乳化させる。全て混ぜ合わせたら氷水にあてて冷やす（f）。

e
f

キャラメルバナナ

[材料] 1皿分
バナナ…1本
グラニュー糖…50g
生クリーム（42％）…60g
バター（有塩）…4g

[作り方]
1. グラニュー糖を鍋で熱してキャラメルにする（g）。
2. 火を止めて沸騰した生クリームを少しずつ加える（h）。
3. 1cm幅に切ったバナナを加え、弱火にかけてキャラメルをしっかりからませる（i）。仕上げにバターを加えて合わせる。

g
h

i

エスプーマシャンティ

[材料]
生クリーム（35％）…180g
牛乳…60g
グラニュー糖…19g

[作り方]
材料をエスプーマ・ディスペンサーに入れてガスを充填する。

止まらなくなる風味×口溶けがよい食感

仕上げ

[材料]
- パンケーキ…2枚
- ヘーゼルナッツソース…30g
- エスプーマシャンティ…適量
- キャラメルバナナ…60g
- ヘーゼルナッツ（ロースト）…4粒
- ミントの葉…適量

[作り方]
1. パンケーキを皿に盛り付け、エスプーマシャンティを絞る。
2. ヘーゼルナッツソースをかけ、バニラアイスを添える。キャラメルバナナをパンケーキにトッピングし、半分に割ったヘーゼルナッツを散らす。ミントの葉を飾る。

パンケーキショコラ
～赤い果実のソースを添えて～

ココアではなくショコラそのものを生地に加えることから発想したパンケーキ。油脂分が多くなる生地なので、よく練って小麦粉のグルテンを出して合わせていくのがポイントとなる。ショコラソースは皿に塗り、その上にパンケーキをのせて隠す。食べていって発見する「おまけ」的な嬉しさをショコラソースで演出もした。

デザート系のパンケーキ

パティシエ エス コヤマ オーナーシェフ 小山 進

パンケーキの生地

[材料]
（直径12cmの生地　2枚分）
- 薄力粉…18g
- 強力粉…5g
- ココア…2g
- プードルクレーム…6g
- ベーキングパウダー…0.2g
- マンジャリ64%…13g
- グラニュー糖…10g
- 牛乳…30g
- 卵黄 10g
- メレンゲ
  - 卵白…25g
  - グラニュー糖…8g

[作り方]
1. 薄力粉、強力粉、プードルクレーム、ベーキングパウダー、グラニュー糖はふるって合わせておく。
2. 溶かしたマンジャリに温めた牛乳を少量入れて乳化させる。
3. 卵黄をほぐし、残りの牛乳を加えてよく混ぜる。
4. 1に3を少しずつ加える。よく練ってグルテンを出すのがポイント(a)。
5. 続いてココアを加えてよく混ぜてから、2に2回に分けて加えて混ぜる(b)。
6. メレンゲを作る。泡立ってきたら半分のグラニュー糖を加え、六分立てくらいになったら残りのグラニュー糖を加えてしっかり立てる。
7. メレンゲのほうに5の半分を加えてホイッパーで混ぜる(c-1)。混ざったら5のボウルのほうに戻して、ゴムベラでざっくりと合わせる(c-2)。
8. フライパンを熱して、薄く油（分量外）を引いて弱火にかけて生地を流し、フタをして焼く(d)。焼き色を見て、ひっくり返す。
9. 焼いたらフライパンから取り出し、熱いうちに溶かしバターを塗り、グラニュー糖（分量外）を振る(e)。

ショコラソース

[材料] 1皿に20g 使用
- マンジャリ（カカオ64%）…50g
- 生クリーム（35%）…50g

[作り方]
1. マンジャリは、温めて溶かす。
2. 生クリームを温めて、1に少しずつ加えて混ぜ、乳化させる。

苺のホワイトキャラメルソテー

[材料] 作りやすい量（1皿分）
- イチゴ…40g
- バター（無塩）…4g
- グラニュー糖…8g

[作り方]
1. 鍋を熱してバターを溶かし、グラニュー糖を加える(f)。
2. 8等分にカットしたイチゴを加える。イチゴが柔らかくなったら火を止め、氷水に当てて冷やす(g)。

4種のベリーのソース

[材料] 作りやすい量
- イチゴ…55g
- カシス…10g
- グロゼイユ…5g
- フランボワーズピューレ…30g
- グラニュー糖…20g

[作り方]
材料をバーミックスで合わせる(h)。

ショコラを味わう、楽しむ生地

仕上げ

[材料]
- パンケーキ…2枚
- ショコラソース…20g
- エスプーマシャンティ（作り方20ページ）…適量
- 苺のホワイトキャラメルソテー…40g
- 4種のベリーのソース…40g
- バニラアイスクリーム…1ディッシャー
- フランボワーズ…2粒
- ブルーベリー…4粒
- ミントの葉…適量

[作り方]
1. 皿にショコラソースを塗り(i)、その上にパンケーキを重ねる。
2. クレームシャンティをエスプーマで絞り、バニラアイスクリームを添える。
3. バニラアイスクリームの上に4種のベリーのソースをかけ、パンケーキの上に苺のホワイトキャラメルソテーをかける。
4. フランボワーズとブルーベリーを散らし、ミントを飾る。

バナナとリンゴのマロンパンケーキ

デザート系のパンケーキ
パティスリー ジョエル オーナーシェフ 木山 寛

ホットプレートのフタを開けたときに歓声が——木山シェフが自宅で子供たちのためにホットプレートで作ったおやつがレシピのベースになっている。セルクルを使って形よく焼き上げ、上にマロンクリームを薄く伸ばして冷やし固めたマロンシートをのせて飾った。キャラメリゼしたバナナとリンゴが生地と一体になり、魅力が増す。

パンケーキの生地

[材料]
（直径8cmのセルクルなら9台分になるレシピ）
卵黄…60g
牛乳…80g
薄力粉…70g
バニラエッセンス…0.5滴
卵白…120g
グラニュー糖…75g

[作り方]
1 卵黄に牛乳を混ぜたら、薄力粉を加えてよく混ぜ、バニラエッセンスを加える。
2 卵白を泡立てる。六分立てくらいになったらグラニュー糖を少しずつ加えながら泡立てて、しっかりツノが立つくらいまで泡立てる(a)。
3 1に2の半分を加えて混ぜる。ホイッパーで生地をすくい、ホイッパーの間に生地を通すようにして混ぜる(b)。混ざったら、残りの2を合わせて同様に混ぜる。

仕上げ

[材料]
パンケーキ生地
バナナ…1本
リンゴ…1個
グラニュー糖…50g
カルバドス…適量
マロンクリームシート…1枚

[作り方]
1 フタのできるホットプレートを使い、20cm×高さ3cmのセルクルを使った作り方で紹介。ホットプレートを熱して、グラニュー糖を散らす。
2 グラニュー糖がキャラメル状になったら、薄切りにしたバナナとリンゴを加えて炒める(c)。リンゴからジュースが出てきたらカルバドスを振りかける。
3 バナナが崩れてリンゴの歯ざわりが残っているくらいになったら(d-1)セルクルをはめる(d-2)。（深さのあるホットプレートならセルクルは不要）
4 生地をバナナとリンゴのソテーの上から流し、フタをする(e)。
5 生地がふくらみ、竹串を指して生地がくっつかないようなら、セルクルと生地の間にナイフを入れてはずす(f)。
6 皿に盛り、上にマロンクリームシートをのせる。

しっとり生地と
マロンとキャラメルが絶妙

ドームパンケーキ

デザート系のパンケーキ

パティスリー ジョエル オーナーシェフ 木山 寛

共立ての生地ならではの、フワッフワの生地で、すーっと溶けるような口当たりが特徴のパンケーキ。型には油脂を塗らないで、型にくっつかせて冷まして、このフワフワ感を創り出す。最後までフワフワ生地を堪能してもらうため、上からソースをかけるのではなく、アイスクリームの上にパンケーキをのせるスタイルにした。

パンケーキの生地

[材料]
（直径12.5cmの半球型4～5個分）
全卵（キユーピー・ロングライフタマゴ）…252g
上白糖…70g
薄力粉…50g
生クリーム（35％）…70g

[作り方]
1 全卵と砂糖を合わせて湯煎にかけながらホイッパーで混ぜる。続けて高速でミキサーにかける。白っぽくなり生地がふくれてきたら、薄力粉を少しずつ加える（a）。
2 生クリームを入れたボウルに1の生地を少し加えてよく混ぜる。混ざったら、1のボウルに戻してしっかり混ぜ合わせる（b）。
3 ドーム型に2の生地を流し入れる。型には油は塗らないこと。型の上まで1cm残して流し入れる（c）。天板にセルクルを置いて、その上にドーム型を置き、上火170℃、下火160℃のオーブンで9分焼成する（d-1）。
4 途中、竹串を刺してみて生地がくっつかなければ焼成は完了。オーブンから出して、型を逆さまにして冷ます（d-2）。

仕上げ

[材料]
ドームパンケーキ…1個
フルーツアイス…1ディッシャー
粉糖…適量

[作り方]
1 逆さまにして冷ました生地を型から取り出す。
2 皿にアイスクリームを置き、その上にドームパンケーキをのせ、上から少し押さえてアイスクリームを少しパンケーキの中に押し込む（e-1・2）。
3 粉糖を上から振る。

まるで綿菓子のような口溶け

ショコラパンケーキ
オレンジとフレッシュパイナップルのソース　ショコラアイスのせ

デザート系のパンケーキ

パティスリー ジョエル　オーナーシェフ　木山 寛

チョコレートの薄いシートがパンケーキの熱で溶けてからみ、チョコレートのアイスクリームも徐々に溶けてパンケーキと、パイナップルとオレンジのソースに混ざっていく。「混ざる」ことの味の変化が醍醐味でもある。パンケーキ生地とフレッシュ感のあるソースの相性を考え、アイスクリームは牛乳のみで作ったものを合わせた。

パンケーキの生地

[材料]
（直径9cm高さ20mmのセルクル5個分）
- 薄力粉…140g
- ベーキングパウダー…10g
- スイートチョコレート…50g
- 全卵…130g
- 上白糖…12g
- 生クリーム（35%）…20g
- 太白油…適量

[作り方]
1. 薄力粉とスイートチョコレートをロボクープで混ぜ合わせる。チョコレートの粒が残っているくらいがいい（a）。
2. 卵を泡立てる。砂糖を少しずつ加えながらしっかりと立てる（b）。
3. 2を中速のミキサーにかけながら、1を加えて混ぜる（c）。
4. 生クリームを湯煎にかけて温める。3の一部を温めた生クリームに加えて混ぜる（d）。混ぜたら3のボウルに戻して混ぜる。ホイッパーで底からすくって、ホイッパーの間に生地を通すように混ぜる。最後にゴムベラに持ち替えて底から大きく混ぜる（e）。
5. セルクルの内側にオーブンシートをはめ、プレートに薄く油を敷いてセルクルを置く。生地をセルクルの高さの8分目まで流し入れる。
6. 表面に泡が出てきたらひっくり返して焼く（f）。

フレッシュオレンジとパイナップルとバナナのソース

[材料]
- オレンジ…1個
- パイナップル…1/4個
- バナナ…1本
- グラニュー糖…100g
- オレンジジュース…150g
- シナモンスティック…1本
- バニラスティックのさや…3本
- 水溶きコーンスターチ…適量

[作り方]
1. オレンジは皮と薄皮を除いてボウルに入れる。別のボウルに輪切りにしたバナナとカットしたパイナップルの果肉を入れる。
2. 鍋にグラニュー糖、シナモンスティック、バニラスティックのさやを入れて火にかける。
3. グラニュー糖がキャラメル状になったらオレンジの果汁のみを加える（g）。火を強めて混ぜながら、オレンジジュースを加えて漉す（h）。
4. 鍋に3を戻して火にかけ、沸いたら水溶きコーンスターチを少しずつ加えて混ぜてとろみをつける（i）。
5. とろみがついたら火を止めてオレンジ果肉とパイナップルとバナナを合わせ、よくからませる（j）。

仕上げ

[材料] 作りやすい量
- パンケーキ…3枚
- フレッシュオレンジとパイナップルとバナナのソース…適量
- ピスタチオ、ココアパウダー…適量
- チョコレートシート…1枚
- チョコレートアイス…1スプーン

[作り方]
1. パンケーキを3枚重ねて皿に盛る。
2. まわりにフレッシュオレンジとパイナップルとバナナのソースを流し、上に砕いたピスタチオを散らす。
3. パンケーキの上にチョコレートシートをのせ、シートが溶けたら上にチョコレートアイスをのせてココアパウダーをふる。

食べ進むほど、
味わいが増す楽しさ

パンケーキ チェリーの赤ワイン煮仕立て
バニラアイスクリーム添え

チェリーソースとアイスクリームの組み合わせは、「チェリージュビレ」から発想を広げたもの。赤ワインの風味のチェリーソースを軸に、甘味を抑えたパンケーキを合わせ、クラックランで歯触りのアクセントを添えた。パンケーキとアイスクリームの間にクレーム・シャンティを盛り、アイスクリームがすぐ溶けないよう工夫。

デザート系のパンケーキ

パティスリー・ラ・ノブティック オーナーシェフ 日髙宣博

パンケーキの生地

[材料]（直径10cm 約5枚分）
- 薄力粉…180g
- ベーキングパウダー…5g
- A 粉糖…20g
- トレハロース…20g
- 全卵…50g
- 牛乳…150g
- 無糖ヨーグルト…50g
- 無塩バター…30g

[作り方]
1. Aを合わせてふるい、ボウルに入れて均一に混ぜる。
2. 別のボウルに溶いた卵と牛乳を入れて混ぜ、軽くほぐしたヨーグルトを加えて混ぜる（a）。
3. 1の粉類の中央をくぼませ、そこに2を一度に入れる。
4. 泡立て器で中央から少しずつ、粉類と水分を合わせていく（b）。泡立て器やボウルの縁についた生地を随時落としながら、練らずに合わせる気持ちで混ぜる。
5. 粉っぽさがなくなり、生地にツヤが出てきたらOK（c）。この段階では多少ダマが合ってもいい。
6. バターを湯煎（または電子レンジ）で溶かし、50℃ぐらいまで温度を下げてから5に加える。バターは沈みやすいので、泡立て器で生地を下から上へ持ち上げるようにして、均一に混ぜる（d）。
7. 仕上げにゴムベラでなめらかになるまで混ぜる（e）。ボウルにラップをかけて10分ほどねかせる。生地がなじみ、小さなダマもなくなる。でき上がった生地は、ベーキングパウダーの力が落ちないよう、20～30分以内に焼くとよい。
8. なるべく厚手のフライパンを用意し、弱火にかけてゆっくりと温める。
9. 温まったらサラダオイル（分量外）を薄く塗ってなじませる。中央に生地をゆっくり落とす（f）。流した瞬間「ジュッ」と音がするぐらいが適温。
10. 時々、生地を少し持ち上げて焼き色を見ながら、弱～中火でじっくり焼く。
11. 表面にふつふつと気泡ができたら裏返す（g）。
12. 同じく弱～中火で裏面も焼く。まわりに火が入りにくいので、ときどきフライ返しで軽く押さえるとよい（h）。裏面も焼き色がつき、ある程度の弾力が出たら取り上げる。

a

b Point

c

d

e

f

g

h

ダークチェリーの赤ワイン煮

[材料] 4皿分
- 赤ワイン…100g
- ダークチェリー缶シロップ…100g
- バニラビーンズ…1/4本
- グラニュー糖…30g
- ダークチェリー（シロップ漬け缶）…1缶（固形量261g）
- キルシュワッサー・ブランデー…各10ml

[作り方]
1. 鍋に赤ワイン、シロップ、さやからこそげ出したバニラビーンズをさやごと入れ、弱火で1/3量ぐらいまで煮詰める。
2. 1にグラニュー糖とシロップを切ったダークチェリーを入れ、2～3分煮る。
3. 仕上げにキルシュとブランデーを加え、アルコール分を飛ばす。

クレーム・シャンティ

[材料] 5皿分
- 40%生クリーム…200g
- グラニュー糖…12g
- バニラエッセンス…適量
- コアントロー…5ml

[作り方]
1. ボウルに生クリームとグラニュー糖を入れ、八分立てに泡立てる。
2. バニラエッセンスとコアントローを加えて軽く混ぜる。

クラックラン

[材料] 作りやすい量
- ヘーゼルナッツ…200g
- グラニュー糖…50g
- 水…50g

[作り方]
1. 鍋に水とグラニュー糖を入れて115℃まで沸かす。
2. 1を火からおろし、細かく刻んだヘーゼルナッツを入れて木べらで混ぜる。
3. 2を天板に広げ、160℃のオーブンで途中2～3回ほど返しながら、色づくまで焼く。

赤ワインが香る大人のパンケーキ

仕上げ

[材料] 1皿分
- プレーンパンケーキ（直径8㎝・10㎝）…各1枚
- クレーム・シャンティ…スプーン1杯（約40g）
- バニラアイスクリーム…約25g
- ダークチェリーの赤ワイン煮…8～10粒
- クラックラン…適量

[作り方]
1. 器に大小のパンケーキを重ねてのせ、上にスプーンでクレーム・シャンティをふんわりのせる。
2. スプーンでバニラアイスクリームをクネルに整えながらすくいとり、1の上にのせる。
3. 手前左にダークチェリーの赤ワイン煮をかけ、バニラアイスの上からシロップのみをかける。上からクラックランをふる。

パンケーキ オレンジの キャラメルソース仕立て

チョコレートのソルベ添え

クレープシュゼットをベースに考案。プレーンとチョコレートの2種類のパンケーキにのせたチョコレートソルベが、食べ進むうちに溶けてソースの一部となり、一皿で2通り味が楽しめる仕掛け。オレンジソースはキャラメルをベースにしており、苦味と酸味、甘味の組み合わせで華やかな味わいを打ち出した。

デザート系のパンケーキ
パティスリー・ラ・ノブティック オーナーシェフ 日髙宣博

パンケーキの生地

※プレーンパンケーキ生地は、P30「パンケーキ チェリーの赤ワイン煮仕立て バニラアイスクリーム添え」と同じ

●チョコレートパンケーキ生地

[材料]（直径10cm 約5枚分）
- 薄力粉…210g
- ベーキングパウダー…5g
- ココアパウダー…30g
- A 粉糖…20g
- トレハロース…20g
- 塩…少々
- 全卵…50g
- 水…100～150g
- 牛乳…90g
- 無塩バター…30g

[作り方]
1 Aを合わせてふるい、ボウルに入れて均一に混ぜる。
2 別のボウルに溶いた卵、水、牛乳を入れて混ぜ、1の粉類の中央をあけて一度に入れる。
3 泡立て器で中央から少しずつ、粉類と水分を合わせていく(a)。泡立て器やボウルの縁についた生地を落としながら、練らないようツヤが出るまで混ぜる。
4 バターを湯煎（または電子レンジ）で溶かし、50℃ぐらいまで温度を下げてから3に加える。泡立て器で生地を下から上へ持ち上げるようにして、均一に混ぜる(b)。
5 仕上げにゴムベラでなめらかになるまで混ぜ(c)、ボウルにラップをかけて10分ほどねかせる。
6 フライパンを弱火にかけてゆっくり温め、サラダオイル（分量外）を薄く塗ってなじませる。レードルで生地をすくい、中央から丸形になるよう流す。
7 時々、生地を少し持ち上げて焼き色を見ながら弱～中火でじっくり焼く。表面にふつふつと気泡ができたら裏返し、弱～中火で裏面も焼く(d)。

オレンジのキャラメルソース

[材料] 5皿分
- グラニュー糖…100g
- オレンジジュース（濃縮還元）…200g
- オレンジ…25カット
- 無塩バター…30g

[作り方]
1 鍋にグラニュー糖を入れて弱火にかける。半分ぐらい溶けたら、木ベラで混ぜる。水を入れると苦味が際立ってしまうため加えない。
2 グラニュー糖が色づき、沸騰したら火を止める(e)。
3 オレンジジュースを3回ほどに分けて加える(f)。1回目を加えて火にかけ、煮立ったら次を加え、キャラメル状にする。
4 最後にひと煮立ちしたら、くし形に切って薄皮をむいたオレンジを加え(g)、軽く温めて火を止める。オレンジが煮崩れないよう注意。ここまで仕込んでおいてOK。
5 注文ごとに温めてオレンジを盛りつける。残ったシロップを2/3量まで煮詰めて火からおろし、バターを加えて溶かす(h)。

仕上げ

[材料] 1皿分
- プレーンパンケーキ（直径8cm）…2枚
- チョコレートパンケーキ（直径8cm）…1枚
- クレーム・シャンティ（P30と同じ）…スプーン1杯（約40g）
- チョコレートのソルベ…約25g
- オレンジのキャラメルソース…オレンジ 5切れ＋ソース スプーン2杯
- オレンジのグレナデンシロップ煮（※）…適量
- クラックラン（P30と同じ）…適量

[作り方]
1 器にプレーンパンケーキ、チョコレートパンケーキ、プレーンパンケーキの順に少し重ねてのせ、オレンジのキャラメルソースのオレンジを手前に並べる。
2 パンケーキの上に、スプーンでクレーム・シャンティをふんわりのせる。
3 スプーンでチョコレートのソルベをクネルにすくいとり、2の上にのせる。
4 手前に熱いオレンジのキャラメルソースをかける(i)。
5 オレンジのグレナデンシロップ煮の果皮を飾り、クラックランをふる。

※「オレンジのグレナデンシロップ煮」の作り方
オレンジの皮1個分は、白いワタを取り除いてよく洗い、1～2mm幅のせん切りにし、湯通しして水気をきる。鍋に水50g、グラニュー糖50g、グレナデンシロップ100gを沸かし、オレンジの皮を入れてひと煮立ちさせ、火を止めてそのまま冷ます。

苦・酸・甘を組み合わせた
味わいが華やか

パンケーキアンクルート

デザート系のパンケーキ

レ・クリスタリーヌ　オーナーシェフ　田中彰伯

たっぷりのカスタードクリームをサンドしたパンケーキを、パイ生地で包んで焼いた。アングレーズソース、チョコレートソース、フランボワーズソースの3種の異なる甘味のソースに、フレッシュベリーの酸味を添える。サクッとした表面と、ふんわりとしたパンケーキのコントラストを表現した。

パンケーキの生地

[材料]（直径8cm 約10枚分）
- 薄力粉…120g
- 上新粉…30g
- グラニュー糖…45g
- ベーキングパウダー…10g
- 全卵…1個
- 牛乳…90g
- サラダ油…適量

[作り方]
1. 薄力粉、上新粉、グラニュー糖、ベーキングパウダーは一緒にふるっておく。
2. ボウルに1、全卵、牛乳を入れ混ぜ合わせる。
3. サラダ油をしいたフライパンに、2の生地を流し入れ、弱火で3分程焼く。
4. 表面がふつふつと泡立ったら返し、2分程焼く。

カスタードクリーム

[材料] 作りやすい量
- 卵黄…7個
- グラニュー糖…300g
- 強力粉…80g
- 牛乳…1000ml
- バニラビーンズ…1本

[作り方]
1. ボウルに卵黄、グラニュー糖、強力粉を入れ混ぜ合わせる。
2. 鍋に牛乳、バニラビーンズを入れひと肌まで温める。
3. 1に2の牛乳を少しずつ加えながら、混ぜ合わせる。
4. 3を鍋に戻し火にかけ、沸騰直前で弱火にし2～3分混ぜ合わせる。
5. 粗熱が取れたら、冷蔵庫で冷やす。

チョコレートソース

[材料] 作りやすい量
- 牛乳…1ℓ
- チョコレート（クーベルチュール・スイートチョコレート）…100g
- グラニュー糖…320g
- ガムシロップ…240g
- ココアパウダー…400g

[作り方]
1. 鍋に牛乳、チョコレート、グラニュー糖、ガムシロップを入れ火にかける。
2. チョコレートが溶けたらココアパウダーを混ぜ合わせ、濾し器で濾す。
3. 粗熱が取れたら、冷蔵庫で冷やす。

フランボワーズソース

[材料] 作りやすい量
- フランボワーズピューレ…1000ml
- グラニュー糖…300g
- 水…600g
- コーンスターチ…適量

[作り方]
1. 鍋にフランボワーズピューレ、グラニュー糖、水を入れ沸かし、コーンスターチを入れとろみをつける。
2. 粗熱が取れたら、冷蔵庫で冷やす。

クレームシャンティ

[材料] 作りやすい量
- 生クリーム…100g
- グラニュー糖…15g

[作り方]
生クリームにグラニュー糖を加え、泡立てる。

パイで包んだパンケーキに、
3種類のソース

仕上げ

[材料]
- パンケーキ（直径8cm）…2枚
- パイ生地　直径16cm…1枚、
  　　　　　直径8cm…1枚
  　　　　　（厚さはともに2mm）
- カスタードクリーム…大さじ2～3
- 卵黄…適量
- キャラメル（糸状）…適量
- ブラックベリー…適量
- フランボワーズ…適量
- イチゴ…適量
- ブルーベリー…適量
- クレームシャンティ…適量
- アングレーズソース…適量
- チョコレートソース…適量
- フランボワーズソース…適量

[作り方]
1. 焼いたパンケーキの上にカスタードクリームをのせ（a）、もう1枚のパンケーキをのせてはさむ。
2. 直径16cmのパイ生地の中央に1をのせる（b）。その上に直径8cmのパイ生地をのせ、ふちに溶いた卵黄を塗る（c）。下のパイ生地にも同様に、ふちから1.5～2cm内側まで卵黄を塗る。
3. 下のパイ生地を持ち上げ、上のパイ生地にくっつけるようにパンケーキを包み込む（d）。
4. パイ生地の表面に卵黄を塗り、210℃のオーブンで12分焼成する。
5. 器に盛り、上に糸状にしたキャラメルをふんわりのせる。別皿にブラックベリー、フランボワーズ、イチゴ、ブルーベリーを盛る。さらに別皿にクレームシャンティを盛る。アングレーズソース、チョコレートソース、フランボワーズソースも別々の器に入れ提供する。

デザート系のパンケーキ

レ・クリスタリーヌ　オーナーシェフ　田中彰伯

パンケーキババ

ラム酒のシロップにブリオッシュケーキを漬けた「ババ」をパンケーキで。パンケーキの中心にまでラム酒のシロップを漬けることで、しっとりとした食感を生む。フレッシュの赤すぐりが持つ酸味は、ラム酒の芳醇な香りとマッチする。別添えしたラム酒で好みの風味で食べてもらう。

パンケーキの生地

パンケーキ生地→ P89と同様
※直径8cmのセルクルで焼く

クレームシャンティ

[材料] 作りやすい量
　生クリーム…100g
　グラニュー糖…15g

[作り方]
　生クリームにグラニュー糖を加え、泡立てる。

仕上げ

[材料] 1人前
　パンケーキ（直径8cm）…2枚
　シロップ
　┌水…100g
　│グラニュー糖…60g
　└ラム酒…20g
　クレームシャンティ…適量
　赤すぐり…適量
　ラム酒…適量

[作り方]
1　シロップを作る。鍋にすべての材料を入れ沸かす。
2　焼いて温かいうちのパンケーキを、熱い1にひたし、パレットナイフなどで押さえてパンケーキを沈めて中までシロップを染み込ませる（a）。
3　器にパンケーキを盛り、上にクレームシャンティ、赤すぐりをのせる。ラム酒を添える。

a

ラム酒を別添えにし、
大人の味わいを

リンゴのパンケーキ ノルマンディー風

デザート系のパンケーキ　レ・クリスタリーヌ　オーナーシェフ　田中彰伯

シナモンが香るリンゴのソテーと、パンケーキを一緒に焼き上げる。カルヴァドスとコーヒーと角砂糖を添えた。角砂糖をカルヴァドスに浸してからコーヒーに入れて「カフェ・カルヴァ」で楽しんでもいいし、カルヴァドスをパンケーキにかけてもいい。付け合わせに皮付きのリンゴを添え、皮のほのかな渋味とカルヴァドスの風味、砂糖の甘味をプラスして食べるのもおすすめだ。

パンケーキの生地

[材料]（直径10㎝のセルクル　2個分）
P93のパンケーキ生地…大さじ3
リンゴのソテー
　リンゴ…約1個
　バター…適量
　グラニュー糖…適量
　シナモンパウダー…適量

[作り方]
1　リンゴのソテーを作る。リンゴは皮をむき1/8のくし切りにする。
2　フライパンにバターをしき、リンゴを入れソテーする。グラニュー糖、シナモンパウダーを加え全体を合わせる。粗熱を取る。
3　セルクルの内側にサラダ油をぬる。フライパンにセルクルをのせ、パンケーキ1枚につき3枚のリンゴのソテーを並べ、上からパンケーキ生地を流し入れてから火を点ける。弱火で3分程焼く（a-1・2）。
4　表面がふつふつと泡立ったらセルクルを外し、返して2分程焼く（b）。

a-1

a-2

b

仕上げ

[材料]1人前
パンケーキ…2枚
クレームシャンティ…適量
　（作り方はP36を参照）
リンゴ…3切れ
シナモンパウダー…適量
カルヴァドス…適量
角砂糖…適量

[作り方]
1　皿にパンケーキをのせ、クレームシャンティ、カットしたリンゴを添え、シナモンパウダーをかける。
2　カルヴァドスと角砂糖を別添えする。

カルヴァドスを
いろいろ楽しむ一皿

デザート系のパンケーキ

レ・クリスタリーヌ　オーナーシェフ　田中彰伯

パンケーキのカレー風味とチョコレートムース

カレー粉を少量加え、ほんのりカレーのニュアンスをプラスしたパンケーキに、濃厚なチョコレートのムースを添える。口の中でとろけるムースと、カリカリとしたキャラメルの食感の違いも提案する。飾りにはハーブやフレッシュベリーを添え、見ための華やかさでもおいしさを訴える。

パンケーキの生地

[材料]（直径8cm　2枚分）
P34のパンケーキ生地…大さじ3
カレー粉…ひとつまみ
サラダ油…適量

[作り方]
1　パンケーキ生地にカレー粉を入れ、混ぜ合わせる。
2　セルクルの内側にサラダ油をぬる。サラダ油をしいたフライパンにセルクルをのせ、中に1の生地を流し入れ、弱火で3分程焼く。
3　表面がふつふつと泡立ったらセルクルを外し、返して2分程焼く。

チョコレートムース

[材料]作りやすい分量
チョコレート
（クーベルチュール・スイートチョコレート）…250g
グラニュー糖…200g
卵白…500g
板ゼラチン…12g
ブランデー…60g

[作り方]
1　ボウルにチョコレートを入れ、湯煎で溶かす。
2　別のボウルに卵白とグラニュー糖を入れ、メレンゲをつくる。
3　板ゼラチンは水で戻し、しぼってからブランデーで溶かす。
4　2に3のブランデーを加え混ぜ合わせ、1のチョコレートと合わせる。
5　冷蔵庫で4〜5時間冷やし固める。

カレー風味のキャラメル

[材料]作りやすい分量
グラニュー糖…200g
カレー粉…2つまみ

[作り方]
1　鍋にグラニュー糖を入れ火にかけ、キャラメルにしてカレー粉を入れる。
2　ゴムシートの上に薄く流し、冷やし固め、固まったら細かく砕く。

チュイユ

[材料]
バター…30g
グラニュー糖…50g
卵白…40g
薄力粉…30g

[作り方]
1　ポマード状まで柔らかくしたバターにグラニュー糖、卵白、薄力粉を加え混ぜ合わせる。
2　天板にクッキングシートをしき、はけで1を薄く伸ばし190℃のオーブンで8分程焼成する。

仕上げ

[材料]
パンケーキ…2枚
アングレーズソース…適量
チョコレートソース…適量（作り方はP34参照）
チョコレートムース…スプーン2玉
金ぱく…少々
ココアパウダー…少々
チュイル…1枚
ミント…適量
ディル…適量
ディルの花…1本
フランボワーズ…適量
カレー風味のキャラメル…適量

[作り方]
1　皿にアングレーズソース、チョコレートソースを流し、上にパンケーキ1枚を置く。その上にチョコレートムース1玉を乗せ、もう1枚のパンケーキを添え、金ぱくとココアパウダーを飾る。残りのチョコレートムースをパンケーキの隣に添え、チュイルを立てる。
2　ミント、ディル、ディルの花、フランボワーズを飾り、細かく砕いたカレー風味のキャラメルを散らす。

甘さとカレー風味の
ハーモニー×食感のバラエティー

デザート系のパンケーキ　レ・サンス　オーナーシェフ　渡辺健善

紅茶とフランボワーズのパンケーキのフルーツサンド

紅茶の香り高い風味をアクセントに、フランボワーズの甘味、酸味と、フィリングに用いるフルーツのフレッシュな酸味がマッチ。さっぱりとした甘味に仕上げた生クリームが、全体をつなぐ役割を果たす。シンプルなフルーツサンドだが、フレーバーパウダーで鮮やかな色味と個性を打ち出す。

パンケーキの生地

［材料］1人前
紅茶生地（直径7cm　2枚分）
- P50のパンケーキ生地…100g
- 紅茶パウダー…8g

フランボワーズ生地（直径7cm　1枚分）
- P50のパンケーキ生地…60g
- フランボワーズパウダー…6g

サラダ油…適量

［作り方］
1. 紅茶生地を作る。パンケーキ生地に紅茶パウダーを入れ、混ぜ合わせる。
2. フランボワーズ生地を作る。パンケーキ生地にフランボワーズパウダーを入れ、混ぜ合わせる。
3. セルクルの内側にサラダ油をぬる。サラダ油をしいたフライパンにセルクルをのせ、それぞれの生地を流し入れてフタをし、弱火で6〜7分焼く。
4. セルクルを外し、返してさらに6〜7分焼く。

仕上げ

［材料］1人前
- 紅茶生地…2枚
- フランボワーズ生地…1枚
- 生クリーム…200g
- キュウイ…30g
- オレンジ…30g
- グレープフルーツ…30g
- リンゴ…30g
- イチゴ…2個

［作り方］
1. 生クリームを泡立て、皮をむき小さくカットしたキュウイ、オレンジ、グレープフルーツ、リンゴ、イチゴと合わせる。
2. 紅茶生地1枚の上に2の生クリームを半量塗り、フランボワーズ生地ではさむ。さらに上に残りの生クリームを塗り、もう1枚の紅茶生地でサンドする。
3. 縦半分にカットし、器に盛る。

まるでフルーツティーを味わうようなテクスチャー

リコッタ入りパンケーキのスフレ仕立て

デザート系のパンケーキ

レ・サンス オーナーシェフ 渡辺健善

パンケーキ生地にリコッタチーズと、エスプーマで泡立てたメレンゲを加え、ふんわりとした食感に仕上げる。ベーキングパウダーを含むパンケーキ生地は、一般的なスフレと比べ、時間が経過してもしぼまないのが特徴だ。3種のベリーを酸味と、やわらかい甘味のある牛乳アイスを合わせる。

パンケーキの生地

[材料] 1人前
（直径8cm　1枚分）
- 薄力粉…70g
- 三温糖…20g
- コーンスターチ…6g
- 塩…5g
- ベーキングパウダー…4g
- バター…20g
- 牛乳…60g
- 卵黄…1個
- 卵白…1個
- リコッタチーズ…120g

[作り方]
1. 強力粉、三温糖、コーンスターチ、塩、ベーキングパウダーは一緒にふるっておく。
2. ボウルに1、バター、牛乳、卵黄と泡立てた卵白を入れ、混ぜ合わせる。
3. ラップをして30分～1時間、常温でねかせる。
4. リコッタチーズを入れ合わせる。エスプーマに入れた卵白を加え、泡をつぶさないようさっくりと合わせる。
5. ミニソースパンの内側にバターとグラニュー糖（分量外）を塗り、4の生地を流し入れ、180℃のオーブンで12分焼成する。

a

b

c

d

イチゴソース

[材料] 1人前
- イチゴピューレ（市販品）…80g
- 砂糖…適量

[作り方]
1. 鍋にイチゴピューレ、砂糖を入れ、沸かす。砂糖の量はイチゴピューレによって適宜変える。
2. 粗熱が取れたら、冷蔵庫で冷やす。

牛乳アイス

[材料] 30～40人前
- 牛乳…1000㎖
- 練乳…100g
- 砂糖…120g

[作り方]
1. 鍋に牛乳を入れて沸かし、砂糖、練乳を入れて合わせる。冷蔵庫で冷ます。
2. アイスクリームメーカーに入れ、回す。

仕上げ

[材料] 1人前
- パンケーキ…1枚
- イチゴ…2個
- ブルーベリー…2個
- クランベリー…2個
- イチゴのソース…適量
- 粉糖…適量
- 牛乳アイス…適量

[作り方]
1. パンケーキを器に盛り、粉糖をふる。
2. イチゴ、ブルーベリー、クランベリーをイチゴのソースで和え別皿に盛り、添える。
3. スプーンに牛乳アイスを盛り、添える。

e

フワフワ生地が最後まで堪能できる

デザート系のパンケーキ　レ・サンス　オーナーシェフ　渡辺健善

プチパンケーキと
フルーツのパフェ見立て

パンケーキをパフェの具材として使用したグラスデザート。プレーンとチョコレートのパンケーキは、それぞれハート、スター、クローバーで型抜きすることで、見ための愛らしさも主張する。フルーツは甘味、酸味のバランスを考えて使用。冷凍のモモ、牛乳アイスの温度変化は、食べ進む楽しさになる。

パンケーキの生地

P50のパンケーキ生地
P50のチョコレートパンケーキ生地

仕上げ

[材料] 1人前
　パンケーキ生地…1枚
　チョコレートパンケーキ生地…1枚
　生クリーム…適量
　牛乳アイス…20g（作り方はP44を参照）
　モモ（冷凍）…1/4個
　リンゴ…1/8個
　イチゴ…3個
　キウイ…1/2個

[作り方]
1　パンケーキ生地、チョコレートパンケーキ生地はハート、クローバー、スターの形に型抜きする。
2　生クリームを泡立てる。
3　パフェグラスにモモを入れ、皮ごとカットしたリンゴ、イチゴ、皮をむき一口大にカットしたキウイ、1のパンケーキをバランスよく入れる。
4　生クリーム、牛乳アイスを途中で入れ、パンケーキをのせる。

パフェ好きも、
パンケーキ好きも大満足

デザート系のパンケーキ

レ・サンス オーナーシェフ 渡辺健善

バタークリームと
ドライフルーツの
プチフール仕立て

バタークリームをエスプーマで極軽の口あたりに。パンケーキはオーブンで焼成することで、ふっくらとした焼き上がりに仕上げる。上にのせて焼いたドライフルーツも、加熱することで甘味と香りが増幅。ナッツ類をトッピングすることで、香ばしさとサクッとした食感のインパクトをもたせた。

パンケーキの生地

[材料] 3人前
（直径6cm　3枚分）
　P50のパンケーキ生地…30g
　ドライフルーツ（柿、トマト、クランベリー、レーズン）…適量
　サラダ油…適量

[作り方]
1　型の内側にサラダ油をぬる。サラダ油をしいたフライパンに型をのせ、中にパンケーキ生地を型の半分量流し入れる（a）。上にドライフルーツをのせ（b）、フタをして弱火で6〜7分焼く。
2　フライパンごと180℃のオーブンに入れ、8分焼く。

バタークリーム

[材料] 3人前
　生クリーム…150g
　溶かしバター…50g
　砂糖…12g
　ヨーグルト…20g

[作り方]
1　ボウルに生クリーム、砂糖、ヨーグルトを入れ混ぜ合わせ、溶かしバターを加えながらさらに混ぜる。
2　1をエスプーマにセットする。

仕上げ

[材料] 1人前
　パンケーキ…3枚
　バタークリーム…45g
　アーモンド…3個
　ピーナッツ…3個
　カシューナッツ…3個
　粉糖…適量
　カカオパウダー…適量

[作り方]
1　器にバタークリームをエスプーマで注ぎ入れ（c）、上にアーモンド、ピーナッツ、カシューナッツを入れる（d）。
2　パンケーキでフタをし（e）、1つのパンケーキに粉糖を、残り2つにカカオパウダーをふりかける（f）。

ドライフルーツとともに焼いた、
ふっくらパンケーキ

2種類のパンケーキの
チョコレートフォンデュ

デザート系のパンケーキ

レ・サンス オーナーシェフ 渡辺健善

三温糖によるコクのある甘味のプレーン生地と、同生地にカカオパウダーを混ぜ込んだ生地の2種類のパンケーキを、チョコレートソースにつけて食べる。パンケーキは、チョコレートフォンデュソースがからむよう一口大のひし形に。カカオ70％の濃厚なチョコレートフォンデュに、軽い味わいの生地がよく合う。

パンケーキの生地

● パンケーキ生地
[材料] 2人前
（直径6cm　1枚分）
- 強力粉…60g
- 薄力粉…60g
- 三温糖…4g
- コーンスターチ…3g
- 塩…1g
- ベーキングパウダー…5g
- バター…10g
- 牛乳…200ml
- 全卵…1個
- サラダ油…適量

[作り方]
1. 強力粉、三温糖、コーンスターチ、塩、ベーキングパウダーは一緒にふるっておく。
2. ボウルに1、バター、牛乳、全卵を入れ、混ぜ合わせる。
3. ラップをして30分～1時間、常温でねかせる。
4. セルクルの内側にサラダ油をぬる。サラダ油をしいたフライパンにセルクルをのせ、中に3の生地を流し入れフタをし、弱火で6～7分焼く。
5. セルクルを外し、返してさらに6～7分焼く。

● チョコレートパンケーキ生地
[材料] 2人前
（直径6cm　1枚分）
- パンケーキ生地…100g
- カカオパウダー…10g

[作り方]
1. パンケーキ生地にカカオパウダーを入れ、混ぜ合わせる。
2. セルクルの内側にサラダ油をぬる。サラダ油をしいたフライパンにセルクルをのせ、中に1の生地を流し入れふたをし、弱火で6～7分焼く。
3. セルクルを外し、返してさらに6～7分焼く。

フォンデュソース

[材料] 2人前
- カカオプードル…20g
- チョコレート（カカオ70％）…70g
- 水…350ml
- バター…10g

[作り方]
1. 鍋にカカオプードル、刻んだチョコレート、水を入れ沸かす。
2. バターを少量ずつ加え、バターモンテする。

仕上げ

[材料] 1人前
- パンケーキ…1枚
- チョコレートパンケーキ生地…1枚
- イチゴ…5個
- フォンデュソース…200g

[作り方]
1. プレーンパンケーキ生地とチョコレートパンケーキ生地は一口大のひし形にカットし、イチゴとともに器に盛る
2. フォンデュソースをフォンデュ鍋に入れ、ろうそくに火をつけて提供する。

風味の異なるパンケーキで楽しむフォンデュ

デザート系のパンケーキ

カイザーシュマーレン

ノイエス　オーナーシェフ　野澤孝彦

皇帝（カイザー）が好んだことから名付けられた、オーストリア発祥のシンプルなパンケーキ。いまでもオーストリア、ドイツで人気が高い。生地は片面を焼いた後、全体が固まらないうちにフォーク等で崩し不揃いな塊まりにして焼き上げる。もっちりかつふわふわした食感で食べ応えがある。リンゴやチェリー、プルーン等のジャムを添えて。

パンケーキの生地

[材料] 1皿分
- 卵…2個
- グラニュー糖（卵黄用）…20g
- グラニュー糖（卵白用）…10g
- 牛乳 65㎖
- 薄力粉…65g
- バニラビーンズ…少々
- レーズン…適量
- ラム酒…適量
- バター（無塩）…適量

[作り方]
1. 卵を卵白と卵黄に分ける。
2. 卵白を泡立て、メレンゲを作る。ツノが立つまで泡立てたら、グラニュー糖（10g）を加え、さらにツノがしっかりと立つまで（八分立て）まで泡立てる (a)。
3. 卵黄に、グラニュー糖（20g）、牛乳、バニラビーンズを加えてほぐす。薄力粉を加え、しっかりすり合わせる。
4. 3に2を加え、ホイッパーでさっくり混ぜ合わせる。メレンゲが残っている位の方がふっくらと仕上がる (b)。
5. ラム酒で戻したレーズンを4に加えて混ぜる。
6. フライパンをしっかりと熱しておき、バターを入れて溶かす。5を流し入れ、弱火でじっくり焼く (c)。
7. 6の生地の下面がしっかり色付いてきたら (d)、フォークで全体を崩し、弱火で炒める。生っぽさが残らないようにしっかりと火を入れ、皿に盛り付ける (e-1・2)。

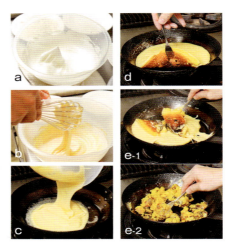

仕上げ

[材料] 1皿分
- パンケーキ生地
- 粉糖…適量
- ジャム…2種類
- クレームシャンティ…適量

[作り方]
パンケーキに粉糖をふり、クレームシャンティを添える。別添えでジャム2種類を添えて提供 (f)。

生地を崩して焼き上げる、
オーストリアのパンケーキ

ヴィーナーオムレット

デザート系のパンケーキ

ノイエス　オーナーシェフ　野澤孝彦

軽い食感のオムレツ型パンケーキ。たっぷりのバターを使って風味づけしながら、弱火でじっくり焼き、ほのかに生っぽさが残る程度で半分に折り曲げ、余熱で火を通す。生地はフワフワで、中は火の通ったカスタードクリームのようなソース状の仕上がりに。たっぷりの粉糖をかけ、柑橘系のフルーツを添えて爽やかな風味をプラスする。

パンケーキの生地

[材料] 1皿分
- 卵…2個
- グラニュー糖（卵白用）…15g
- グラニュー糖（卵黄用）…15g
- 生クリーム…30㎖
- バニラビーンズ…1本
- 薄力粉…20g
- バター（無塩）…適量

[作り方]
1. 卵を卵白と卵黄に分ける。
2. 卵白を泡立て、メレンゲを作る。ツノが立つまで泡立てたら、グラニュー糖（15g）を加え、さらにツノがしっかりと立つまで（八分立て）まで泡立てる（a）。
3. 卵黄に、グラニュー糖（15g）、生クリーム、バニラビーンズを加えてほぐす。薄力粉20gを加え、しっかりすり合わせる（b）。
4. 3に2を加え、ホイッパーでさっくり混ぜ合わせる。
5. フライパンをしっかりと熱しておき、バターをたっぷりと入れて溶かす。4を流し入れ、フタをして弱火でじっくり焼く（C-1・2）。
6. 5の生地の下面が色付くまで焼いたら（約10分）、半分に折り、皿に移す。（d-1・2・3）。完全に火を通すのではなく、生っぽいところが少し残っている位がよい。

仕上げ

[材料] 1人前分
- パンケーキ生地
- 粉糖…適量
- クレームシャンティ…適量
- オレンジ…適量
- ピスタチオ…適量

[作り方]
パンケーキに粉糖をかけ、クレームシャンティ、オレンジを添え、ピスタチオを飾る（e）。

オムレツの形の
フワフワ＆とろりパンケーキ

ダッチベイビー

デザート系のパンケーキ

ノイエス　オーナーシェフ　野澤孝彦

アメリカで人気が高い、オーブンで焼き上げるスタイルのパンケーキ。生地を混ぜる際しっかりと混ぜて粘りを出すことで、焼く際に生地が容器のフチに沿って持ち上がりユニークな見た目に。もっちりとしてシンプルな味わいで、熱いうちにレモン汁と砂糖をかけるのが定番。今回はカスタードクリームとラズベリーをのせて贅沢に提供する。

パンケーキの生地

[材料] 1人前分
- 全卵…2個
- グラニュー糖…5g
- 塩…少々
- 薄力粉…55g
- 牛乳…80㎖
- バター（無塩）…適量

[作り方]
1. 卵にグラニュー糖、塩を加えてほぐす。薄力粉をホイッパーでしっかり混ぜ合わせる。次に牛乳を加え、同じくホイッパーでしっかり混ぜ合わせる（a）。
2. フライパンを熱しておき、バターを入れて溶かす（b-1）。1を流し入れ（b-2）、200℃のオーブン（強火）で10分加熱する（c-1）。中心が少し焦げ色が付く位が目安（c-2）。

仕上げ

[材料] 1人前分
- パンケーキ生地
- レモン汁…適量
- カスタードクリーム…適量
- ラズベリー…適量
- グラニュー糖…適量

[作り方]
1. パンケーキをオーブンから出し、温かいうちにレモン汁をかけ、カスタードクリームを絞りのせる（d）。
2. 冷凍ラズベリーを飾ってバーナーで表面を軽く炙る（e）。さらにグラニュー糖を表面にかけ、バーナーで炙りキャラメル状にする（f）。

オーブンで焼き上げ、見た目のユニークさも妙味

サンフルールのパンケーキ

『サンフルール』のレギュラーメニューとして提供している。たっぷりのフルーツとともに食べられる、スイーツ系パンケーキ。生地には生クリームを加えることで、なめらかな仕上がりを目指す。フルーツ以外にも、バニラアイスやリンゴとイチゴのジャムを添え、食感や温度の変化をもたせることで、食べ飽きしない一皿に仕上げた。

デザート系のパンケーキ

サンフルール　オーナーシェフ　平野泰三

パンケーキの生地

[材料]
（直径20cm　4枚分）
- 薄力粉…180g
- ベーキングパウダー…10g
- 塩…1g
- 牛乳…80g
- グラニュー糖…20g
- 生クリーム（36%）…160g
- 全卵…2個
- キャノーラ油…適量

[作り方]
1. 薄力粉、ベーキングパウダー、塩は一緒にふるっておく。
2. ボウルに1、牛乳、グラニュー糖、生クリームを合わせて、全卵を最後に入れ、ダマがなくなるまでかき混ぜる（a）。
3. ラップをし、常温で1時間ねかせる。
4. フライパンにキャノーラ油を入れ温め、3の生地を流し入れフタをし（b）、弱火で約3分加熱する。生地のふちが乾燥して、鍋肌から剥がれてきたらひっくり返す。
5. フタをせず、乾燥させるように2分加熱する。

リンゴとイチゴのジャム

[材料] 8人前
- リンゴ…50g
- イチゴ…280g
- 砂糖…100g

[作り方]
1. リンゴは皮をむき、薄くスライスする。
2. 鍋に1とへたをとったイチゴ、砂糖を入れ、弱火で20分つめる。

仕上げ

[材料] 1人前
- パンケーキ…1枚
- 生クリーム…適量
- バニラアイスクリーム…適量
- メープルシロップ…適量
- イチゴ…2個（フラワーカット1個）
- リンゴとイチゴのジャム…適量
- バナナ…1/4本
- オレンジ…1房
- グレープフルーツ…1房
- ピンクグレープフルーツ…2房
- メロン…2切れ
- メロン（フラワーカット）…1個
- キウイ…1/4個
- デコポン…1房

[作り方]
パンケーキの上に生クリーム、バニラアイスクリームを盛り、メープルシロップをかけ、フラワーカットしたイチゴ、リンゴとイチゴのジャムを飾る。まわりにフルーツ類を添える（c）。

フルーツを引き立てる
生クリーム入り生地

デザート系のパンケーキ

サンフルール オーナーシェフ 平野泰三

シトラスパンケーキ

生地にデコポンの果肉を細かくちぎって加えることで、風味と食感をプラス。加熱することでデコポンの甘味が増すため、焼き上がりは風味がよくなる。添えるフルーツは、4種の柑橘系で味の統一感を出す。また、カラメルソースのほのかな苦味も、柑橘系の味に寄り添わせて、アングレーズソースで甘味を表現する。

パンケーキの生地

[材料] 4人前
（直径20cm 1枚分）
P58のパンケーキ生地…120g
デコポン…2房
キャノーラ油…適量

[作り方]
1 パンケーキ生地に、薄皮をむいて手で細かくちぎったデコポンを加え、混ぜあわせる（a）。
2 フライパンにキャノーラ油を入れ温め、1の生地を流し入れフタをし（b）、弱火で約5分加熱する。表面がふつふつと泡立ったら返し（c）、フタをせず2分加熱する（d）。

アングレーズソース

[材料] 約8人前
卵黄…3個
砂糖…100g
牛乳…250g

[作り方]
1 鍋に卵黄と砂糖を入れ、混ぜ合わせる。
2 ひと肌に温めた牛乳を少量ずつ1に加え、混ぜ合わせる。
3 2の鍋を弱火にかけ、とろみが出るまでかき混ぜる。
4 粗熱が取れたら、冷蔵庫で冷やす。

仕上げ

[材料] 1人前
パンケーキ…1枚
アングレーズソース…30g
カラメルソース…5g
ピンクグレープフルーツ…2房
オレンジ…2房
デコポン…2房
ブンタン…3房
パパイヤ（フラワーカット）…1個

[作り方]
1 器に盛ったパンケーキのまわりに、アングレーズソースとカラメルソースを流す（e）。
2 パンケーキの上にフルーツ類を盛り、中央にパパイヤのフラワーカットを飾る。

デコポンの香りと果肉を生地と一緒に味わえる

トロピカルパンケーキ

パイナップルの中でも甘味が強い、茎に近い部分の果肉を生地と合わせて使用。果肉は焼く直前に生地と合わせないと、苦味が出てしまうため注意する。付け合わせにさっくりとした食感のパパイヤや、濃厚な旨味のアボカドなどを使用。デザインカットしたパイナップル1/4個を豪快に盛りつけ、パーティーにも喜ばれる一皿に仕上げた。

デザート系のパンケーキ　サンフルール　オーナーシェフ　平野泰三

パンケーキの生地

[材料] 3人前
（直径26cm　1枚分）
P58のパンケーキ生地…150g
パイナップル…30g
キャノーラ油…適量

[作り方]
1 パンケーキ生地に、細かくカットしたパイナップルを加え混ぜあわせる（a-1・2）。
2 フライパンにキャノーラ油を入れ温め、1の生地を流し入れフタをし（b）、弱火で約5分加熱する。表面がふつふつと泡立ったら返す。返したらフタをせず2分加熱する（c）。

仕上げ

[材料] 1人前
パンケーキ…1枚
ハチミツ…適量
パイナップル…1/4個
アボカド…1/4個
パパイヤ…1/4個
パパイヤ（フラワーカット）…1個
マンゴー…1/6個
リンゴ（バタフライカット）…1枚
パインシャーベット…50g

[作り方]
1 パンケーキは十字にカットし、4等分する。器に盛りハチミツをかける（d）（e）。
2 フルーツ類とパインシャーベットを添える。

パイナップルの甘みを上手に生かした！

ティラミスパンケーキ

エスプレッソがほのかに香るパンケーキの上に、ふわふわのホイップクリームをたっぷりとのせたパンケーキ。ティラミスをイメージし、フレーバーシロップとエスプレッソで香りよく仕上げた。エスプーマで作ったホイップクリームは、なめらかで軽い食感ながら崩れにくい。砂糖控えめでマスカルポーネチーズを加え大人向けの味わいに。

|デザート系のパンケーキ|株式会社 ポッカクリエイト マーケティング本部 商品開発フードグループ 四方彩香|

パンケーキの生地

『カフェ・ド・クリエ DEN 天神駅前福岡ビル1F』
『メゾン・ド・ヴェール』で使用のもの。

ティラミス風ホイップ

[材料] 1人前
　マスカルポーネ…15g
　生クリーム（乳脂肪13％、植物性脂肪25％）…43g
　トラーニー　フレーバーシロップ ティラミス…7g

[作り方]
1 マスカルポーネに「トラーニー　フレーバーシロップ ティラミス」を加え、混ぜ合わせる（a）。さらに生クリームを加え、ダマがなくなるまで混ぜ合わせる（b）。
2 1をエスプーマのボトルに入れ、容器ごと15回ふる（c）。ふる回数を増やすとクリームがより固くなる。
3 エスプーマでホイップする。

仕上げ

[材料]
　パンケーキ（直径11cm）…2枚
　エスプレッソ（「オリジナルエスプレッソ」エスプレッソ専用に配合・焙煎したコーヒー豆を使用。ミルクに負けないボディのある味わい）…適量
　ティラミス風ホイップ…65g
　ココアパウダー…適量
　ブラウニー…3g
　スペアミント…1枚

[作り方]
1 パンケーキを温め、2枚を重ねる。
2 パンケーキに、冷たい状態のエスプレッソを染み込ませる。表面にエスプレッソを少量ずつたらしながら全体に広げる感じで、ひたひたにせず香り付け程度にうっすらと染み込ませる（d）。
3 1のパンケーキの上に、ティラミス風ホイップをのせ、平らにならす（e-1・2）。
4 3にココアパウダーを全面にふるう。5mm程度に細かく砕いたブラウニーを中央にのせ（f）、ミントを中央に飾る。

香り豊かで極軽の
ティラミス風ホイップ

ミックスベリーパンケーキ

甘さのあるデザート系のパンケーキに、甘酸っぱいミックスベリーとイチゴソース、フワフワのホイップクリームをたっぷりと添えて提供。イチゴソースは、果実感のあるタイプと、イチゴの味わいが強く色鮮やかなタイプの2種使いで魅力アップ。ホイップクリームはエスプーマを使い軽くなめらかな食感に仕上げた無糖タイプ。

デザート系のパンケーキ

株式会社 ポッカクリエイト　マーケティング本部　商品開発フードグループ　四方彩香

パンケーキの生地

『カフェ・ド・クリエ DEN 天神駅前福岡ビル1F』
『メゾン・ド・ヴェール』で使用のもの。

ホイップクリーム

[材料] 1人前
　生クリーム
　　（乳脂肪13％、植物性脂肪25％）…50g

[作り方]
1　生クリームをエスプーマのボトルに入れ、容器ごと15回ふる。ふる回数を増やすとクリームがより固くなる。
2　エスプーマでホイップする。

仕上げ

[材料]
　パンケーキ（直径11cm）…2枚
　ホイップクリーム…50g
　イチゴソース
　　（果実感のあるタイプ）…35g
　冷凍ミックスベリー…20g
　イチゴソース…10g
　パウダーシュガー…適量
　スペアミント…適量

[作り方]
1　パンケーキを温め、端が少し重なるように2枚を縦に並べる。
2　パンケーキの右横上に、ホイップクリームを高さを出して絞る（a）。
3　イチゴソース（果実感のあるタイプ）を、パンケーキとホイップクリームの間に、流れるように添える（b）。冷凍ミックスベリーを、イチゴソースの上に飾る。
4　イチゴソースをパンケーキの上に線描きする（c）。
5　パウダーシュガーをふるい（d）、ミントを飾る。

口溶けのいい生地に、
半生フルーツソースがぴったり！

食事系の
パンケーキ

生地の香りにも魅了される！

ツナとベーコンのパンケーキ

チーズが焼けた香ばしさに、ビールやワインもほしくなる一品。パンケーキ生地でツナとベーコンのフィリングをはさんだ、軽食にもぴったりのパンケーキ。生地にはライ麦粉を配合し、ニンニクやローズマリーを加えた自家製ハーブオイルで香り豊かに焼き上げた。食事系全般に合う生地で、ラタトゥイユをフィリングにする等のアレンジが可能。

食事系のパンケーキ　オークウッド　オーナーシェフ　横田秀夫

パンケーキの生地

[材料]
（21cmのフライパンで8枚分）
- 薄力粉…200g
- 中力粉…50g
- ライ麦粉…25g
- ベーキングパウダー…2g
- 塩…5g
- 全卵…2個
- 牛乳…250g
- ワケギ…25g
- 卵白…70g
- グラニュー糖…30g
- トレハロース…15g
- 自家製ハーブオイル※…適量

※自家製ハーブオイル
　太白ごま油にタカノツメ、ローズマリー、ニンニクの香りを移したもの。

[作り方]
1. 粉類（薄力粉、中力粉、ライ麦粉）、ベーキングパウダー、塩を一緒にふるっておく。
2. 全卵をしっかりほぐしてから牛乳を混ぜ合わせ、1に一度に加えて混ぜる。続いて細かく刻んだワケギを混ぜ合わせる（a）。
3. 卵白にトレハロースを加え、泡立てる。七分立てになったら、グラニュー糖を加えながら八分立てまで泡立てる（b）。
4. 2に3のメレンゲを加え、さっくりと混ぜる（c）。
5. フライパン（21cm）を弱火で温めてからハーブオイルをひき、生地120gを流し入れる。やさしく広げて、ごく弱火にかけてフタをし、4～6分加熱。上面が焼き固まるまでは蓋をなるべく開けない。生地を裏返し、約2分焼く（e）。

フィリング

[材料] 8人前
- ツナ…240g
- アンチョビ…20g
- 玉ねぎ…60g
- マヨネーズ…60g
- 黒胡椒…適量
- ベーコン…70g
- グリーンオリーブ…40g

[作り方]
1. ツナは、キッチンペーパーでしっかり汁気を取っておく。アンチョビは細かく刻む。玉ねぎはみじん切りにし、水にさらしておく。ツナ、アンチョビ、玉ねぎを混ぜ合わせたら、マヨネーズを加えて混ぜ、黒胡椒で味を調える（f）。
2. ベーコンはソテーしておく。グリーンオリーブはスライスしておく。

仕上げ

[材料]
- パンケーキ…1枚
- ツナのフィリング…45g
- ベーコンのソテー…8g
- クリーンオリーブ…5g
- シュレッドチーズ…適量
- レタス…適量
- パプリカ…適量
- ドレッシン（お好みのもの）…適量

[作り方]
1. パンケーキを半分にカットし、一方の表面にツナサラダを広げる。その上にベーコンソテーとグリーンオリーブを適度に並べ、もう一枚のパンケーキで挟む。
2. 半分にカットし、上にシュレッドチーズをかけ、180℃のコンベクションオーブンで7～8分焼いて皿に盛る。食べやすい大きさに切ったレタスなどを添えて、好みのドレッシングをかける。

店で配合している「おやつパンケーキミックス」と「朝食用パンケーキミックス」を販売。「おやつ用」には自家製のバニラシュガー、「朝食用」は甘さ控えめで石臼挽きライ麦粉を配合している。

黒胡椒をきかせた、
食べ応え充分バージョン

北イタリア風パンケーキ

セモリナ粉とコーンミールの風味を活かした、食事向きのパンケーキを使用。生地が重たいため、しっかりと焼き上げるのがコツだ。上には、豚肉にピスタチオや背脂を加えた、北イタリアのモルタデッラソーセージ、目玉焼きをのせ、仕上げに黒胡椒で風味をプラスする。しっかりめの食事として提案。

食事系のパンケーキ　タベルナ アイ　オーナーシェフ　今井 寿

パンケーキの生地

[材料] 1人前
（直径18cm　2枚分）
- 強力粉…80g
- デュラムセモリナ粉…30g
- ベーキングパウダー…5g
- コーンミール…30g
- 砂糖…35g
- 塩　適量
- 全卵…2個
- 牛乳…80ml
- グレープシードオイル…適量

[作り方]
1. 強力粉、デュラムセモリナ粉、ベーキングパウダーは一緒にふるっておく。
2. ボウルに1、コーンミール、砂糖、塩を入れかき混ぜる。
3. 牛乳を入れ軽くかき混ぜ、溶いた全卵を入れ泡立て器でダマがなくなるまでよく混ぜる。
4. ラップをして常温で10〜15分寝かせ、生地をなじませる。
5. フライパンでグレープシードオイルを熱し、4の生地を流し入れ、弱火にし片面3分ずつ焼く。

仕上げ

[材料] 1人前
- パンケーキ…2枚
- モルタデッラソーセージ…100g
- 全卵…1個
- イタリアンパセリ…適量
- オリーブオイル…適量
- 黒胡椒…適量

[作り方]
1. オリーブオイルを熱したフライパンにモルタデッラソーセージを入れ、強火で片面1分ずつ焼き色がつくまで焼く。キッチンペーパーにとり、脂を切る（e）。
2. 1で使ったフライパンに残った油を熱し、全卵を割り入れ、フタをして半熟玉子のように焼く（f）。
3. 器にパンケーキを盛り、上にモルタデッラソーセージ、目玉焼きをのせ、イタリアンパセリを飾る。上からオリーブオイル、黒胡椒をふりかける（g）。

レモンオイルで、
生地とサーモンのタルタルをまとめる

リコッタチーズのパンケーキ
スモークサーモンのタルタル添え

たっぷりのルッコラと、スモークサーモンのタルタルを組み合わせたアンティパストスタイルのパンケーキ。生地にはリコッタチーズのコクを加え、しっかり立てしたメレンゲを混ぜ合わせることで、ふんわりと軽い口当たりを表現する。仕上げにレモンオイルを多めにかけることで、口の中に広がるレモンの風味も味わいにする。

食事系のパンケーキ　タベルナ アイ　オーナーシェフ　今井 寿

パンケーキの生地

[材料] 3人前
（直径18cm　3枚分）
- 薄力粉…40g
- リコッタチーズ…100g
- 卵黄…2個
- ベーキングパウダー…5g
- 牛乳…80ml
- 卵白…2個
- グレープシードオイル…適量

[作り方]
1. ボウルにリコッタチーズ、卵黄を入れ全体がなじむまで混ぜる（a）。
2. ふるった薄力粉とベーキングパウダーを入れ、ダマがなくなるまで混ぜる。
3. 牛乳を少量ずつ数回にわけて入れながらかきまぜ、なじませていく（b）。
4. 八分立てした卵白を加え、泡をつぶさないようさっくりと混ぜ合わせる（c・d）。
5. フライパンでグレープシードオイルを熱し、4の生地を流し入れ、弱火にし片面2分ずつ焼く。

a

b

c

d

スモークサーモンのタルタル

[材料] 1人前
- スモークサーモン…100g
- ベルギー・エシャロット…20g
- 塩…適量
- 胡椒…適量
- オリーブオイル…大さじ2

[作り方]
1. みじん切りしたスモークサーモン、ベルギー・エシャロットをボウルに入れ、粘り気が出るまで混ぜ合わせる（e）。
2. 味を見ながら塩、胡椒で味を調える。
3. オリーブオイルを加えさらに混ぜ合わせる（f）。

e

f

仕上げ

[材料] 1人前
- パンケーキ…1枚
- スモークサーモンのタルタル…150g
- ルッコラ…適量
- レモンオイル…適量

[作り方]
1. 粗熱をとったパンケーキを器に盛り、上にルッコラを飾る。
2. 中央にスモークサーモンのタルタルをのせ、レモンオイルを全体にかける（g）。

g

ゴルゴンゾーラの個性に合わせた生地で

そば粉のパンケーキ
ゴルゴンゾーラチーズ・ピカンテのソース

そば粉を配合したパンケーキと、ゴルゴンゾーラ・ピカンテの強い風味を持つ同士を組み合わせ、相乗効果を生む。そば粉にはグルテンがないため、全卵でつなぐイメージで生地を混ぜ合わせる。ローストアーモンドのテクスチャーと香ばしさがアクセントにもなり、ワインと相性を高める一皿となっている。

食事系のパンケーキ　タベルナ アイ　オーナーシェフ　今井 寿

パンケーキの生地

[材料] 4人前
（直径18cm　4枚分）
薄力粉…150g
そば粉…50g
ドライイースト…10g
砂糖…ひとつまみ
牛乳…250g
卵黄…4個
卵白…2個
溶かしバター…25g
グレープシードオイル…適量

[作り方]
1. 薄力粉とそば粉は一緒にふるっておく。
2. ボウルに1、ドライイースト、砂糖を入れ、ひと肌に温めた牛乳を3回に分けて入れ、ダマがなくなるまでかき混ぜる（a）。
3. 卵黄、卵白を加え全体がなじむまでかき混ぜる（b）。
4. 溶かしバターを加え混ぜ、ラップをして温かい場所で30分発酵させる（c）。
5. 一度かき混ぜ、ガスを抜く。
6. フライパンでグレープシードオイルを熱し、5の生地を流し入れ、弱火にし片面2分ずつ焼く（d）。

a

b

c

d

ゴルゴンゾーラソース

[材料] 1人前
ゴルゴンゾーラチーズ・ピカンテ…50g
生クリーム（35%）…20g

[作り方]
ゴルゴンゾーラ・ピカンテ、生クリームを鍋に入れ、弱火で混ぜあわせる（e）。この時、ゴルゴンゾーラ・ピカンテは完全に溶かさず、塊を残した方がよい（f）。

e

f

仕上げ

[材料] 1人前
パンケーキ…4枚
ゴルゴンゾーラソース…70g
アーモンドスライス…適量
粉チーズ…適量
イタリアンパセリ…適量

[作り方]
器にパンケーキを盛り、ゴルゴンゾーラソースをかける（g）。上から粉チーズ、オーブンで焼き色がつくまでローストしたアーモンドスライス、イタリアンパセリをふりかける（h）。

g

h

白ワインのお供にぴったり！

ホタテと黒ダイのソテーのパンケーキ

シーフードやほうれん草のバターソテーを盛りつけた、おつまみ風パンケーキ。白ワインを片手に、ホタテや黒ダイなどをゆっくりつまみ、締めの頃にパンケーキが登場するイメージで組み立てた。ベルモット酒を加えた白ワインソースのクリーミーな舌触りが、シーフードだけでなくパンケーキにもよく合う。

パンケーキの生地

P30「パンケーキ チェリーの赤ワイン煮仕立て バニラアイスクリーム添え」と同じ

ホタテのソテー

[材料] 3皿分
- ホタテ貝柱（小さめのもの）…12個
- バター…適量
- オリーブオイル…適量
- 塩、胡椒、薄力粉…各適量

[作り方]
1. ホタテは塩、胡椒し、薄力粉をまぶす。
2. 熱したフライパンにバターとオリーブオイルを同量ずつ入れ、1を入れて両面をこんがりソテーする。

黒ダイのソテー

[材料] 2皿分
- 黒ダイ（切り身）…40g×4切れ
- バター…適量
- オリーブオイル…適量
- 塩、胡椒、薄力粉…各適量

[作り方]
1. 黒ダイの切り身は塩、胡椒し、薄力粉をまぶす。
2. 熱したフライパンにバターとオリーブオイルを同量ずつ入れ、1を入れて両面をこんがりソテーする。

ベーコンソテー

[材料]
- ベーコン（ブロック）…適量

[作り方]
ベーコンは5mm厚の細切りにし、フライパンで炒める。

白ワインソース

[材料] 仕込み量
- 玉ねぎ…1個
- バター…30g
- ベルモット…50㎖
- 白ワイン…300㎖
- 42％生クリーム…1000㎖
- 塩、白胡椒…各適量

[作り方]
1. 玉ねぎを薄切りにし、バターで炒める。
2. 玉ねぎがしんなりしたらベルモットと白ワインを加え、弱火で1/3量になるまで煮詰める。
3. 2に生クリームを加えてさらに火にかけ、濃度が出たら塩、白胡椒で味を調える。
4. 3をシノワで漉す。

ほうれん草のバターソテー

[材料]
- ほうれん草…適量
- バター…適量
- オリーブオイル…適量
- 塩、胡椒…各適量

[作り方]
1. ほうれん草は湯で10秒ほど茹でて冷水にとり、水気を絞って4cmほどの長さに切る。
2. 熱したフライパンにバターとオリーブオイルを同量ずつ入れ、1をソテーして、塩、胡椒で味付けする。

きのこのソテー

[材料]
- しめじ、舞茸、エリンギ、椎茸…各適量
- バター…適量
- オリーブオイル…適量
- 塩、胡椒…各適量

[作り方]
1. しめじと舞茸は小房に分け、エリンギと椎茸は食べやすくスライスする。
2. 熱したフライパンにバターとオリーブオイルを同量ずつ入れ、1をソテーして、塩、胡椒で味付けする。

仕上げ

[材料] 1皿分
- プレーンパンケーキ（直径10cm）…1枚
- ほうれん草のバターソテー…35g
- 黒ダイのソテー…2切れ
- ホタテのソテー…4個
- きのこのソテー…適量
- 白ワインソース…40㎖
- トッピング：セルフィーユ、ベーコンのソテー、茹で大根と人参…各適量

[作り方]
1. 器にパンケーキをのせ、その上にほうれん草のバターソテーを盛る（a）。
2. ほうれん草の上に黒ダイのソテーを並べてのせ、ホタテのソテーをのせる。きのこのソテーを飾る（b）。
3. 上から温めた白ワインソースを全体にかけ（c）、トッピングを飾る。

a

b

c Point

食事系のパンケーキ ビストロ・ラ・ノブティック・ビー グランシェフ 酒巻浩二

まろやかなソースが
パンケーキにしみ込む

牛フィレ肉と菜の花のパンケーキ

牛フィレ肉のソテーを盛りつけた、メインディッシュにもなる贅沢な一品。まろやかなオランデーズソースが、甘さ控えめのパンケーキと牛フィレ肉をつなげる役割を果たす。食べているうち下に敷いたパンケーキに肉汁やソースがしみ込み、おいしさを損なうことがない。赤ワインを添え、休日のブランチなどにおすすめ。

食事系のパンケーキ　ビストロ・ラ・ノブティック・ビー　グランシェフ　酒巻浩二

パンケーキの生地

P30「パンケーキ　チェリーの赤ワイン煮仕立て　バニラアイスクリーム添え」と同じ

牛フィレ肉のソテー

[材料] 1皿分
- 牛フィレ肉…80g
- 塩、胡椒…各適量
- バター…適量

[作り方]
1. 牛フィレ肉に塩、胡椒をふる。
2. 熱したフライパンにバターを溶かし、1をミディアムに焼く。

オランデーズソース

[材料] 仕込み量
- 白ワインビネガー…50㎖
- 白ワイン…30㎖
- エシャロット（みじん切り）…10g
- 白胡椒（ホール）…1g
- エストラゴン…1枝
- 水…30㎖
- 卵黄…40g
- 溶かしバター…30g
- 塩、白胡椒…各適量

[作り方]
1. 鍋に白ワインビネガー、白ワイン、エシャロット、つぶした白胡椒、エストラゴンを入れ、弱火で水分がなくなるまで煮詰める。
2. 1に水と卵黄を加えて混ぜ、湯煎にかけながら泡立て器で泡立てる。
3. とろみがついたら溶かしバターを少しずつ加えながら混ぜ、濃度をつける。
4. 塩、胡椒で味を調え、シノワで漉す。

菜の花のソテー

[材料]
- 菜の花…適量
- バター…適量
- オリーブオイル…適量
- 塩、胡椒…各適量

[作り方]
1. 菜の花は湯で10秒ほど茹でて冷水にとり、水気を絞って4㎝ほどの長さに切る。
2. 熱したフライパンにバターとオリーブオイルを同量ずつ入れ、1をソテーして、塩、胡椒で味付けする。

仕上げ

[材料] 1皿分
- プレーンパンケーキ（直径10cm）…1枚
- 菜の花のソテー…50g
- ベーコンソテー（P79と同じ）…6切れ
- きのこのソテー（P79と同じ）…適量
- 牛フィレ肉のソテー…80g
- オランデーズソース…40g
- クレソン…適量

[作り方]
1. 器にパンケーキを盛り、菜の花のソテーとベーコンソテーを順にのせる。
2. さらにきのこのソテーをのせる (a)。
3. 牛フィレ肉のソテーを一口大に切り、2の上に並べる (b)。
4. 上から温かいオランデーズソースをかけ (c)、クレソンを飾る。

a

b

c　Point

もちもち生地の中のコーンの粒々が、好食感

トウモロコシのパンケーキ

上新粉を使い、もちもちに仕上げたパンケーキに、しゃきっとした歯応えのコーンを加える。パンケーキはちぎってコーンポタージュにつける、ひたすなどで食べるのがおすすめだ。ほんのりと甘みのある生地のため、好みで風味を足せるようパセリのみじん切りを別添えにする。

食事系のパンケーキ　レ・クリスタリーヌ　オーナーシェフ　田中彰伯

パンケーキの生地

[材料]
（直径8cm　2枚分）
P34のパンケーキ生地…大さじ3
ホールコーン缶…50g
サラダ油…適量

[作り方]
1 パンケーキ生地に、汁気を切ったホールコーン缶を入れ混ぜ合わせる。
2 サラダ油をしいたフライパンに、1の生地を流し入れ、弱火で3分程焼く。
3 表面がふつふつと泡立ったら、返して2分程焼く。

コーンポタージュ

[材料] 8人前
玉ねぎ…1個
バター…適量
ホールコーン缶…300g
クリームコーン…300g
水…700g
塩…適量

[作り方]
1 鍋にバターを入れ溶かし、スライスした玉ねぎを炒める。
2 玉ねぎがしんなりしたら、ホールコーン缶、クリームコーン、水、塩を加え沸かす。
3 ミキサーで回し、漉し器で漉す。

仕上げ

[材料] 1人前
パンケーキ…2枚
コーンポタージュ…180g
生クリーム…適量
レタス…1枚
エディブル・フラワー…2枚
パセリ…適量

[作り方]
1 器に温めたコーンポタージュを入れ、上から生クリームを回しかける。
2 パンケーキ、レタス、エディブル・フラワー、みじん切りしたパセリを添える。

パンケーキは薄めに焼いて、
ピカタと一体に

パンケーキ&豚のピカタ

ピカタに付け合わせるパンを、パンケーキで。ピカタに使う豚肩ロースと、同じ大きさでパンケーキを焼くのがよい。ソースはフォン・ド・ヴォーの旨味を活かした白ワインソースと、香りのよいパセリオイルを使用。パセリの香りを添加したメートルドテルバターは、味を変える調味料として提案する。

食事系のパンケーキ　レ・クリスタリーヌ　オーナーシェフ　田中彰伯

パンケーキの生地

パンケーキ生地→ P34と同様
直径12～13cmで焼く。

肉汁の白ワインソース

[材料]
エシャロット…40g
白ワイン…100g
フォン・ド・ヴォー…100g
バター…30g
塩…適量
胡椒…適量

[作り方]
1 みじん切りしたエシャロットと白ワインを鍋に入れ、水分がなくなるまで炒める。
2 フォン・ド・ヴォーを加え、1/2の量になるまでつめる。
3 バターを加え混ぜ合わせ(a)、塩、胡椒で調味する。

a

パセリオイル

[材料]
パセリ　…30g
サラダ油…100g
塩…適量

[作り方]
すべての材料をミキサーで撹拌する。

メートルドテルバター

[材料]
パセリ…60g
バター…450g
レモン汁…20g
塩…適量

[作り方]
みじん切りにしたパセリ、バター、レモン汁、塩をフードプロセッサーで撹拌する。

仕上げ

[材料]
パンケーキ (直径12～13cm)…1枚
ピカタ生地
　全卵…2個
　ドライパン粉　50g
　パルメザンチーズ…30g
　パセリ…適量
　牛乳…150～200g
豚肩ロース　120g
塩…適量
胡椒…適量
小麦粉…適量
サラダ油…適量
パセリオイル…適量
肉汁の白ワインソース…適量
レモン…1/2個
イタリアンパセリ…適量
パルメザンチーズ…適量
メートルドテルバター…適量

[作り方]
1 ピカタ生地を作る。ボウルに全卵、ドライパン粉、パルメザンチーズ、パセリを合わせ、固さをみながら牛乳を少しずつ加える。
2 丸く成型した豚肩ロースに塩、胡椒をし、薄く小麦粉をはたく。
3 2の表面にピカタ生地をつけ、サラダ油を熱したフライパンで中火で4分、返して3分程焼き、オーブンに移して3分程焼く。
4 ディスペンサーにパセリオイルを入れ、皿に線をひくように大きく丸を描く。円の中央に肉汁の白ワインソースを流し入れる(b)。

b

5 中央に3のピカタ、上にパンケーキをのせる。
6 レモンとイタリアンパセリを添える。すりおろしたパルメザンチーズ、メートルドテルバターは、それぞれ別皿に入れ提供する。

パリ定番の組み合わせを
トッピング

パリジェンヌパンケーキ

ロースハム、マッシュルーム、グリエルチーズ、マヨネーズでつくるサラダパリジェンヌをパンケーキに盛った一品。パンケーキは水分を吸いやすいので、マヨネーズと生クリームを混ぜ合わせたマヨネーズロワイヤルを別添えし、食べ進める途中で味の調整をできるようにした。

食事系のパンケーキ　レ・クリスタリーヌ　オーナーシェフ　田中彰伯

パンケーキの生地

[材料] 1～2人前
(直径10cm　7枚分)

- 薄力粉…50g
- そば粉…50g
- グラニュー糖…30g
- ベーキングパウダー…5g
- 全卵…1個
- 牛乳…80g
- 溶かしバター…10g
- サラダ油…適量

[作り方]
1. 薄力粉、そば粉、グラニュー糖、ベーキングパウダーは一緒にふるっておく。
2. ボウルに1、全卵、牛乳、溶かしバターを入れ、混ぜ合わせる (a・b)。
3. サラダ油を熱したフライパンに2の生地を流し入れ、弱火で3分程焼く。
4. 表面がふつふつと泡立ったら返し、2分程焼く。

仕上げ

[材料] 1人前

- パンケーキ (直径10cm)…1枚
- サラダパリジェンヌ…
- マッシュルーム…2個
- ロースハム…50g
- グリエルチーズ…50g
- マヨネーズ…大さじ2
- パセリ…少々
- 塩…適量
- 胡椒…適量
- ベビーリーフ…適量
- エディブル・フラワー…適量
- マヨネーズロワイヤル
  - マヨネーズ…大さじ3
  - 生クリーム…大さじ3

[作り方]
1. マッシュルームは厚めにスライスし、ロースハムとグリエルチーズは拍子切りにする。
2. ボウルに1を入れ、マヨネーズ、みじん切りしたパセリと合わせ、塩、コショウで調味する (c)。
3. 器に盛ったパンケーキの上に2をのせ (d)、上にベビーリーフ、エディブル・フラワーの花びらを飾る。
4. マヨネーズと生クリームを混ぜ合わせたマヨネーズロワイヤルを、別添えする (e)。

ビーフパティがより引き立つ
パンケーキ効果

パンケーキバーガー

ハンバーガーのバンズをパンケーキで。もっちりとしたパンケーキと、牛肉のパティや野菜、アボカド、パイナップルなど多彩な味わいが一度に楽しめる。濃厚なソースと酸のきいたマヨネーズも、多彩な食材をつなぐ味として活躍。軽い食感のパンケーキなので、より具材を引き立てるバーガーに。

食事系のパンケーキ　レ・クリスタリーヌ　オーナーシェフ　田中彰伯

パンケーキの生地

パンケーキ生地→ P87と同様
直径10cmで焼く。

ソース

[材料] 1人前
- トンカツソース…大さじ3
- ウスターソース　大さじ1
- ケチャップ…大さじ1
- 生クリーム…大さじ1
- グラニュー糖…大さじ1

[作り方]
すべての材料をボウルに入れ、混ぜ合わせる。

自家製マヨネーズ

[材料] 10人前
- 卵黄…1個分
- マスタード…大さじ3
- 赤ワインビネガー…大さじ1
- サラダ油…500㎖
- 塩…適量
- 胡椒…適量

[作り方]
1. 卵黄とマスタードとビネガーをよく混ぜ合わせる。
2. 混ぜながら、少しずつ少しずつサラダ油を加えていく。
3. サラダ油を全て混ぜ合わせたら、塩・胡椒で味を調える。

仕上げ

[材料] 1人前
- パンケーキ…2枚
- パティ
  - 牛ひき肉…160g
  - 塩…適量
  - 胡椒…適量
- レタス…1枚
- トマトスライス…1枚
- ピクルススライス…3枚
- パイン缶…1枚
- アボカド…1/4個
- ソース…適量
- 自家製マヨネーズ…適量
- エディブル・フラワー…3枚

[作り方]
1. パティをつくる。ボウルに牛ひき肉、塩、胡椒を入れ、粘り気が出るまで混ぜる。
2. 1枚80gに丸く成型し、サラダ油を熱したフライパンで、2分程焼いて、返して2分程焼く。
3. パンケーキの上にソースを塗ったパティをのせ、レタス、自家製マヨネーズ、塩胡椒（各分量外）をふったトマト、ピクルス、パイン、スライスしたアボカド、ソースを塗ったもう1枚のパティの順で重ね、パンケーキでサンドする。
4. 器に3を盛り、エディブル・フラワーを飾る。

コリアンダーを生地に混ぜたツウの味

タイ風パンケーキ

皮目を香ばしく焼いた鶏肉やキュウリ、コリアンダーをパンケーキにのせ、スイートチリソースをつけて食べる。皮に具材をのせる北京ダックのような食べ方を参考に開発。パンケーキ生地にみじん切りしたコリアンダーを混ぜ込むことで香草の風味をアップさせ、アジアンテイストに仕上げた。

食事系のパンケーキ

レ・クリスタリーヌ　オーナーシェフ　田中彰伯

パンケーキの生地

[材料] 1人前
（直径15cm　3枚分）
P89のパンケーキ生地…大さじ4
コリアンダー…大さじ2
サラダ油…適量

[作り方]
1 パンケーキ生地にみじん切りしたコリアンダーを入れ、混ぜ合わせる。
2 サラダ油をしいたフライパンに1の生地を流し入れ、弱火で3分程焼く。
3 表面がふつふつと泡立ったら返し、2分程焼く。

仕上げ

[材料] 1人前
パンケーキ…3枚
鶏ムネ肉…100g
塩…適量
胡椒…適量
サラダ油…適量
キュウリ…1/2本
チェリートマト…1個と1/2個
レモン…1/6個
コリアンダー…適量
レタス…適量
スイートチリソース…適量

[作り方]
1 鶏ムネ肉は表面に塩、胡椒をし、サラダ油を熱したフライパンで皮目から焼く。
2 皮目がきつね色になったら、200℃のオーブンで4分程焼成し、カットする。
3 器にパンケーキ、2の鶏肉、太めのせん切りにしたキュウリ、半分にカットしたチェリートマト、スライスしたレモン、コリアンダー、レタスを添える。スイートチリソースは別皿に入れ添える。

正統派クロックマダムと
同じ調理手順で！

パンケーキマダム

フライパン一つでパンケーキの焼成から、目玉焼きまでをつくるクロックマダムを応用。バターの風味をつけたパンケーキで、ハムとグリエルチーズをサンドする。目玉焼きには味の濃厚な赤卵を使用し黄身は半熟に仕上げる。パンケーキにとろける黄身をからませて食べるのがおすすめだ。

食事系のパンケーキ　レ・クリスタリーヌ　オーナーシェフ　田中彰伯

パンケーキの生地

[材料]
（直径12～13cm　約15枚分）
薄力粉…250g
ぬるま湯…36g
ドライイースト…4g
砂糖…ひとつまみ
水…125g
塩…7g
グラニュー糖…2g
卵黄…3個
牛乳…150g
卵白…3個

[作り方]
1 ぬるま湯にドライイーストと砂糖を入れ、20分予備発酵させる(a)。
2 ボウルに薄力粉100g、水、1を入れ混ぜ合わせラップをし、温かいところで1時間、一次発酵させる。
3 別のボウルに薄力粉150g、塩、グラニュー糖、卵黄、牛乳を入れ、混ぜ合わせる。
4 2と3を混ぜ合わせる(b)。泡立てた卵白を加え(c)、泡をつぶさないようにさっくりと混ぜ合わせる(d)。
5 サラダ油を熱したフライパンに4の生地を流し入れ、弱火で3分程焼く。
6 表面がふつふつと泡立ったら返し、2分程焼く。

仕上げ

[材料] 1人前
パンケーキ（直径12～13cm）…2枚
バター…適量
ハム…1枚
グリエルチーズ…適量
赤卵…1個
塩…適量
胡椒…適量

[作り方]
1 フライパンにバターをしき、焼きあがったパンケーキを入れ、きつね色になるまで焼く(e)。
2 パンケーキ1枚を返し、返した面にハム、すりおろしたグリエルチーズをのせ、もう1枚のパンケーキの焼いた面を下にしてサンドし(f-1)、器に盛る。
3 同じフライパンで目玉焼きを作る。赤卵を割り入れフタをし、2分程焼く。塩、胡椒で調味する(f-2)。
4 2のパンケーキの上に目玉焼きを乗せる(g)。

チーズをのせて、
こんがり香ばしく仕上げ

パンケーキムッシュ

ベシャメルソースをベースにしたソースモルネと、ハム、グリエルチーズをサンド。上に重ねるパンケーキの表面にも、すりおろしたグリエルチーズをのせ、トースターでこんがりと焼き上げる。熱々の状態で提供する食事系パンケーキは、ビールなどのアルコールと相性がよい。

食事系のパンケーキ　レ・クリスタリーヌ　オーナーシェフ　田中彰伯

パンケーキの生地

パンケーキ生地→ P93と同様
直径12～13cmで焼く。

仕上げ

[材料] 1人前
　パンケーキ
　　（直径12～13cm）…2枚
　ハム…1枚
　グリエルチーズ…適量
　ソースモルネ
　　…大さじ1（P99と同じ）

[作り方]
1　パンケーキ1枚の上にソースモルネを塗り（a）、ハム、すりおろしたグリエルチーズをのせる（b-1・2）もう1枚のパンケーキには、すりおろしたグリエルチーズのみのせる。
2　サラマンダーに入れ、上火に近づけチーズを溶かす（c）。
3　2枚のパンケーキを重ね器に盛る。

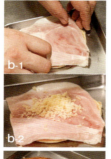

白ワインがほしくなるパンケーキ

パンケーキと牡蠣のソテー

焦がしバターで香ばしく焼いた牡蠣を主役にした一皿。付け合わせのハーブサラダは、赤ワインビネガーの酸味を加えたドレッシングで和える。レモンの酸味がきいたサワークリームと併せ、さっぱりとした食べ口を提案する。牡蠣の濃厚な旨味と風味に、甘さのない食事系パンケーキの相性がよい。

食事系のパンケーキ　レ・クリスタリーヌ　オーナーシェフ　田中彰伯

パンケーキの生地

パンケーキ生地→P93と同様
直径12〜13cmで焼く。

仕上げ

[材料] 1人前
- パンケーキ（直径12〜13cm）…1枚
- 生牡蠣…3個
- バター…適量
- 塩…適量
- 胡椒…適量
- ハーブサラダ
  - セルフィーユ…適量
  - イタリアンパセリ…適量
  - エストラゴン…適量
  - シブレット…適量
  - ディル…適量
  - スペアミント…適量
- レモン…1/6個
- パセリ…1房
- チェリートマト…2個

ドレッシング

[材料]
- サラダ油、赤ワインビネガー…4対1
- 塩…適量
- 胡椒…適量

サワークリーム

[材料]
- 生クリーム…100㎖
- 塩…適量
- 胡椒…適量
- レモン汁…1/2個分

[作り方]
1. 生牡蠣に塩、胡椒をあてる。フライパンにバターを入れ、焦がしてから生牡蠣を入れる。片面に色がついたら返し、3〜4分弱火で加熱する（a）。
2. 適度な大きさにカットしたハーブサラダを、すべての材料を混ぜ合わせたドレッシングで和える。
3. 器にパンケーキを盛り、上に1の牡蠣、2のサラダをのせる（b）。
4. すべての材料を混ぜ合わせたサワークリームと、レモン、パセリ、チェリートマトを添える。

ミートソースの下に、
モルネソースをはさんだパンケーキが

パンケーキのグリエ

パンケーキはフライパンで焼いてから、グリドルで表面に格子状の焼き目をつけ、香ばしさをプラス。ベシャメルソース、パルメザンチーズ、グリエルチーズなどを合わせたソースモルネをパンケーキでサンドし、上からたっぷりとミートソースをかけボリューム感を出す。ミートソースの肉々しい食感が、魅力。

食事系のパンケーキ　レ・クリスタリーヌ　オーナーシェフ　田中彰伯

パンケーキの生地

パンケーキ生地→ P93と同様
直径12cmで焼く。
薄く焼いたのち、グリドルで片面に格子の焼き目を付ける（a）（b）。

a b

ミートソース

[材料] 5人前
- 牛挽き肉…500g
- 玉ねぎ…200g
- 人参…150g
- セロリ…100g
- ニンニク…5かけ
- バター…適量
- ホールトマト缶…500g
- 水…500g
- グラス・ド・ビアンド…50g
- 塩…適量
- 胡椒…適量

[作り方]
1. 鍋にバターをしき、牛挽き肉、みじん切りにした玉ねぎ、人参、セロリ、ニンニクを炒める。
2. しんなりしてきたらトマトホール缶、水、グラス・ド・ビアンドを加え、200℃のオーブンで2時間煮込む。
3. 塩、胡椒で調味する。

ベシャメルソース

[材料] 10人前
- 牛乳…1000㎖
- レモンの皮…2枚
- ローリエ…1枚
- パセリの茎…2本
- ブールマニエ…170g

[作り方]
1. 鍋に牛乳、レモンの皮、ローリエ、パセリの茎を入れ、沸かす。
2. ブールマニエを加え、とろみがつくまで混ぜる。
3. こし器でこす。

仕上げ

[材料]
- パンケーキ（直径12cm）…3枚
- ソースモルネ
  - ベシャメルソース…50g
  - パルメザンチーズ…20g
  - グリエルチーズ…20g
  - 鶏ガラスープの素…5g
  - 塩…適量
  - 胡椒…適量
- ミートソース…大さじ4〜5
- パセリ…適量
- パルメザンチーズ…適量

[作り方]
1. ソースモルネを作る。ベシャメルソースに、すりおろしたパルメザンチーズとグリエルチーズ、鶏ガラスープの素を加え混ぜ合わせ、塩、胡椒で調味する。
2. パンケーキの上にソースモルネを塗り、もう1枚のパンケーキを重ねる。残りのソースモルネを塗り、残りのパンケーキを重ねる。
3. 器に盛り、上からミートソースをかけ、みじん切りしたパセリ、すりおろしたパルメザンチーズをかける（c）。

c

濃厚クリーム煮とピッタリの爽やかパンケーキ

仔牛のクリーム、ブロッコリーのパンケーキ添え

ほのかにブロッコリーの甘味、風味が香るパンケーキは、濃厚な仔牛のクリーム煮と相性がよい。クリーム煮に使用する具材は、ローストした小玉ねぎや芽キャベツなどを煮込まず、仕上げにトッピング。ちぎったパンケーキにクリームをつけ、野菜をのせて食べるスタイルがおすすめだ。

食事系のパンケーキ　レ・サンス　オーナーシェフ　渡辺健善

パンケーキの生地

[材料] 1人前
（直径6cm　1枚分）
P50のパンケーキ生地…70g
ブロッコリーパウダー…8g

[作り方]
1. パンケーキ生地にブロッコリーパウダーを入れ、混ぜ合わせる（a）。
2. セルクルの内側にサラダ油（分量外）をぬる。サラダ油をしいたフライパンにセルクルをのせ、中に1の生地を流し入れてフタをし、弱火で6〜7分焼く（b）。
3. セルクルを外し、返してさらに6〜7分焼く（c）。

仔牛のクリーム煮

[材料] 1人前
仔牛モモ肉…60g
塩…適量
胡椒…適量
薄力粉…適量
サラダ油…適量
玉ねぎ…1/6個
マッシュルーム…1個
白ワイン…30mℓ
生クリーム…150mℓ

[作り方]
1. 仔牛モモ肉は薄くスライスし、塩、胡椒をふり、小麦粉をはたく。
2. フライパンにサラダ油をしき、1を焼く。
3. みじん切りにした玉ねぎ、半分にカットしたマッシュルーム、白ワイン、生クリームを入れ、軽く煮込む

仕上げ

[材料] 1人前
パンケーキ…1枚
仔牛のクリーム煮…160g
ヤーコン…20g
人参…30g
プチベール…1個
小玉ねぎ…1/2個
じゃがいも…1/4個
芽キャベツ…1/2個

[作り方]
1. 水と塩で下茹でしたヤーコン、人参、じゃがいもと、プチベール、小玉ねぎ、芽キャベツをフライパンで焼き目がつくまで焼く。
2. 温めた仔牛のクリーム煮を器に注ぎ、1の野菜を盛る。
3. パンケーキを添える。

スパイシーな生地が生野菜を引き立てる

野菜のパンケーキ 庭園風

野菜をたっぷりと食べられるオードブル。パンケーキにはかぼちゃ、人参、トマトのフレーバーパウダーに、カレー粉、ターメリックを加え、カレー風味に仕上げる。上にはマヨネーズでシンプルに調味したマッシュポテト、8種の野菜やハーブを飾る。ドライベジタブルチップは、アクセントとして。

食事系のパンケーキ　レ・サンス　オーナーシェフ　渡辺健善

パンケーキの生地

[材料] 1人前
（直径10cm　1枚分）
- P50のパンケーキ生地…100g
- カレー粉…10g
- ターメリック…10g
- パンプキンパウダー…8g
- 人参パウダー…8g
- トマトパウダー…6g

[作り方]
1. パンケーキ生地にカレー粉、ターメリック、パンプキンパウダー、人参パウダー、トマトパウダーを入れ、混ぜ合わせる。
2. サラダ油（分量外）をしいたフライパンに1の生地を流し入れてフタをし、弱火で6〜7分焼く。
3. 返してさらに6〜7分焼く。

仕上げ

[材料] 1人前
- パンケーキ…1枚
- マッシュポテト
  - じゃがいも…1個
  - マヨネーズ…25g
- 生ハム…2枚
- ローズマリー…1本
- サニーレタス…適量
- チコリ…適量
- トレビス…適量
- ビーツ…適量
- 紅心大根…適量
- 菜の花…1本
- 人参…適量
- ドライベジタブルチップ（紫いも、インゲン、ごぼう、さつまいも、人参）…適量
- 粉チーズ…適量
- ピンクペッパー…適量
- オリーブオイル…適量

[作り方]
1. パンケーキの上に、つぶしたじゃがいもにマヨネーズを合わせたマッシュポテトを盛る。
2. 上に生ハム、ローズマリー、サニーレタス、チコリ、トレビス、スライスしたビーツと紅心大根を立てる。間に細くせん切りした人参をかけ、ドライベジタブルチップを散らす（a）。
3. 粉チーズ、ピンクペッパーを散らし、オリーブオイルをまわしかける。

a

パンケーキそのものにも野菜風味を

アボカドディップとスティック野菜と パンプキンとニンジンのパンケーキと 黒ごまのパンケーキ

野菜の風味を表現できるフレーバーパウダーを、パンケーキに使用。かぼちゃと人参の甘味と、鮮やかなオレンジの色味の生地で、見ための彩りも演出する。一方で、アボカドの濃厚な旨味に負けない黒ごま生地も合わせて提供。野菜のディップと野菜パンケーキの組み合わせの一皿に仕上げた。

食事系のパンケーキ

レ・サンス オーナーシェフ 渡辺健善

パンケーキの生地

[材料] 1人前
（直径10cm　各1枚分）
パンプキンと人参の生地
- P50のパンケーキ生地…100g
- パンプキンパウダー…10g
- 人参パウダー…10g

黒ごま生地
- P50のパンケーキ生地…100g
- 黒ごま…20g

サラダ油…適量

[作り方]
1 パンプキンと人参の生地を作る。パンケーキ生地にパンプキンパウダーと人参パウダーを入れ、混ぜ合わせる。
2 黒ごま生地を作る。パンケーキ生地に黒ごまを入れ、混ぜ合わせる。
3 サラダ油をしいたフライパンに、それぞれの生地を流し入れフタをし、弱火で6～7分焼く。
4 返してさらに6～7分焼く。

アボカドディップ

[材料] 1人前
アボカド…1個　　　　塩…適量
ニンニクオイル…20ml　胡椒…適量
オリーブオイル…80ml

[作り方]
1 アボカドをピューレ状にし、ニンニクオイルと混ぜ合わせる。
2 オリーブオイルでつなぎ、塩、胡椒で調味する。

仕上げ

[材料] 1人前
パンプキンと
　人参の生地パンケーキ…1枚
黒ごま生地パンケーキ…1枚
人参…1/4本
キュウリ…1/2本
大根…60g
ホワイトアスパラ…3本
チコリーレッド…3枚
ピサンリ…3本
サニーレタス…2枚
アボカドディップ…160g

[作り方]
1 パンプキンと人参の生地、黒ごま生地は、それぞれ2～3cm幅でカットする（a）。
2 人参、キュウリ、大根は太めのせん切りに、ホワイトアスパラは下茹でする。
3 1と2、チコリーレッド、ピサンリ、サニーレタスをバランスよく器に立てる（b）。
4 アボカドディップを別皿に入れ添える。

一口サイズのパンケーキでオードブルに

トマトのパンケーキと エスプーマのモッツァレラの バジルソースがけ

食事系のパンケーキ

レ・サンス オーナーシェフ 渡辺健善

トマトとモッツァレラという定番の組み合わせをアレンジ。一口サイズに焼き上げたトマト風味のパンケーキと、エスプーマで泡状に仕上げたモツァレラを、カクテルグラスに注ぐ。下にはチェリートマトと、チェリーモッツァレラも入れ、グラス一つのなかに多彩な食感のコントラストを表現した。

パンケーキの生地

[材料] 1人前
（直径3〜4cm　4枚分）
P50のパンケーキ生地…100g
トマトパウダー…10g

[作り方]
1. パンケーキ生地にトマトパウダーを入れ、混ぜ合わせる。
2. サラダ油をしいたフライパンに、ティースプーンで生地を落としフタをして、弱火で2〜3分焼く。
3. 返してさらに2〜3分焼く。

エスプーマのモッツァレラ

[材料] 1人前
モッツァレラ…100g
牛乳…100g
塩…少々

[作り方]
モッツァレラ、牛乳、塩をエスプーマに入れセットする。

仕上げ

[材料] 1人前
パンケーキ…4枚
チェリートマト…3個
チェリーモッツァレラ…3個
エスプーマのモッツァレラ…適量
バジルオイル…適量
オリーブオイル…適量

[作り方]
1. 器にパンケーキ、チェリートマト、チェリーモッツァレラを入れ、上からエスプーマのモッツァレラを注ぐ（a・b）。
2. さらにパンケーキ、チェリートマトをのせ、バジルオイルとオリーブオイルをまわしかける。

巻いたり、具にしたり、アレンジも楽しい

パラチンケン

オーストリア、ドイツ、ハンガリー等で広く食べられている、やや厚めのクレープ風の生地のパンケーキ。しっとりとした生地の中に具材を巻き込んで前菜風に食べる他、ベシャメルソースをかけて焼き上げグラタン風にしたり、クリームやジャム等を合わせてデザートにしたり、細切りにしてスープの具にしたりと様々なアレンジが可能。

食事系のパンケーキ　ノイエス　オーナーシェフ　野澤孝彦

パンケーキの生地

[材料] 10枚分
- 全卵…1個
- 塩…少々
- 牛乳…200㎖
- 小麦粉…100g
- サラダ油…50g

[作り方]
1. 卵、塩、牛乳、小麦粉を順に加え、混ぜ合わせていく。ある程度混ざったら、サラダ油を加え、少し粉っぽさが残る程度に全体を混ぜ合わせる(a)。
2. フライパンを温めておき、薄めにサラダ油(分量外)を全体にしっかりとひく。生地を少し厚めにのばし(b)、弱火でじっくり焼く。中央が薄く色付いた位でひっくり返し(c)反対面を焼く。表面がふっくらと浮いてきたら、もう一度ひっくり返して反対面を焼き、焼き色が付いたら引き上げる(d)。

仕上げ

[材料]
- パンケーキ…1枚
- ホワイトアスパラガス…2本
- 生ハム…2枚
- リープタウアー(チーズベースのスプレッド)…適量
- トマト…1/2個
- パプリカ…適量
- ルッコラ…適量
- 黒胡椒…少々
- オランデーズソース…適量
- 粉チーズ…適量

[作り方]
1. 焼き上がりのパンケーキを少し置いておき、生地がしっとりとしてきたら、ホワイトアスパラガス、生ハムをのせて巻く(e-1・2)。
2. 皿に盛り付け、リープタウアー、トマト、パプリカ、ルッコラを添える。黒胡椒、オランデーズソース、粉チーズをかけて提供(f)。

ドイツ、スイスで人気の
香ばしい庶民の味

ライベクーヘン

ドイツ、スイス等で広く食べられている、じゃがいもベースのパンケーキ。じゃがいもをすりおろしたりみじん切りにし、玉ねぎ等を加えてたっぷりの油で揚げ焼きにする。表面はカリッと香ばしく、中はやわらかな食感で、塩、胡椒でシンプルに味付けしたものが屋台等で売られている。店で提供する際は、サーモンやリンゴジャム等を添え贅沢に。

食事系のパンケーキ ノイエス オーナーシェフ 野澤孝彦

パンケーキの生地

[材料] 12枚分
- じゃがいも…2～3個
- 全卵…1/2個分
- 玉ねぎ…1/4個
- 小麦粉…大さじ1弱
- 塩…少々
- 胡椒…少々
- ナツメグパウダー…少々
- サラダ油…適量

[作り方]
1 じゃがいもは、皮をむきすりおろす。もしくはハンドミキサーにかけ、ボウルに入れる（a）。
2 1に溶き卵、玉ねぎみじん切り、小麦粉、塩、胡椒、ナツメグパウダーを加え、木べらで混ぜ合わせる。ボウルを傾けて透明な水がたまるようなら、小麦粉を足して混ぜる（b）。
3 フライパンを温め、たっぷりとサラダ油を入れる。セルクル（直径5～6cm）に2を詰め、底が焦げつかないようにフライパンを時々ゆすりながら、弱火でじっくり焼く（c）。
4 しっかり焼き色が付いたら、ひっくり返して反対面を焼く。焼き色が付いたらセルクルを外し、何度かこまめにひっくり返しながら中までしっかり火を通す（d）。
5 表面がカリカリに焼きあがったら、余分な油を切り、皿に盛り付ける。

a

b

c

d

仕上げ

[材料] 1人前
- パンケーキ…3枚
- 粗塩…適量
- リンゴジャム…適量
- クリームチーズ
- マスタード
  （フルーツ果汁入りの
  甘酸っぱいタイプ）…適量
- サニーレタス…適量
- スモークサーモン…適量
- バルサミコドレッシング…適量
- ケッパー…適量
- ディル…適量

[作り方]
パンケーキに粗塩をかけ、リンゴジャム、クリームチーズ、マスタードを添える。サニーレタス、スモークサーモンを添え、ドレッシングをかける。ケッパー、ディルを飾る。

ウィーンの朝食で人気のパンケーキ

カイザーシュマーレン サラダ添え

デザートスタイルで人気の「カイザーシュマーレン」（P52）の生地を、砂糖控えめで塩・胡椒で調味して食事向けにアレンジしたもの。たっぷりの野菜類、チーズと組み合わせ、ボリューム感たっぷりの一皿に仕上げた。砂糖が少ない分やや膨らみが少なく、焼き色が付きにくい。ウィーンでは朝食の人気メニューの一つで、好みで具材や味付けをアレンジして楽しまれている。

食事系のパンケーキ　ノイエス オーナーシェフ　野澤孝彦

パンケーキの生地

[材料] 1人前
- 全卵…2個
- グラニュー糖…15g
- 牛乳…65㎖
- 薄力粉…65g
- サラミ…20g
- 塩…少々
- 胡椒…少々
- バター（無塩）…適量

[作り方]
1. 卵を卵白と卵黄に分ける。
2. 卵白を泡立て、メレンゲを作る。ツノが立つまで泡立てたら、グラニュー糖を加え、さらにツノがしっかりと立つまで（八分立て）まで泡立てる（a）。
3. 卵黄に、牛乳を加えてほぐす。薄力粉、塩、胡椒を加え、しっかりすり合わせる。
4. 3に2を加え、ホイッパーでさっくり混ぜ合わせる（b-1）。メレンゲが残っている位の方がふっくらと仕上がる。サラミの細切りを加えてざっくり混ぜる（b-2）。
5. フライパンをしっかりと熱しておき、バターを入れて溶かす。5を流し入れ、弱火でじっくり焼く。
6. 5の生地の下面がしっかり色付いてきたら、フォークで全体を崩し、弱火で炒める（c-1・2）。生っぽさが残らないようにしっかりと火を入れる。

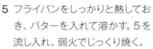

仕上げ

[材料] 1人前
- 葉もの野菜…適量
- インゲン…適量
- バルサミコドレッシング…適量
- マリボーチーズ…適量
- 乾燥ハーブ（マジョラム、バジル、ローズマリー）…適量
- ドレッシング…適量

[作り方]
皿に葉もの野菜をしき、パンケーキを上に置く。ボイルしてドレッシングで和えたインゲン、マリボーチーズを添える。乾燥ハーブを散らし、ドレッシングを全体にかける。

冷めてもおいしいシンプル生地の豪華版

ローストビーフ
サンドイッチ風パンケーキ

四角いフライパンで薄く焼いたパンケーキで、サンドイッチ風に。自家製ローストビーフをメインに、フレッシュ野菜をサンドする。味付けはバター、マヨネーズ、マスタードのみとシンプルにして、ローストビーフを際立てる。具材を引き立てるよう、必要最低限の味付けをした生地を使用する。

食事系のパンケーキ｜サンフルール　オーナーシェフ　平野泰三

パンケーキの生地

[材料] 2人前
（直径15cm×13cm　8枚分）
- 薄力粉…200g
- 全卵…2個
- 牛乳…200g
- 塩…2g
- キャノーラ油…適量

[作り方]
1. ボウルにふるった薄力粉、牛乳、塩を入れて混ぜ、次に全卵を入れる。ダマがなくなるまで混ぜ合わせる（a）。
2. ラップをし、常温で1時間ねかせ生地をなじませる。
3. 四角いフライパンにキャノーラ油を入れ温め、2の生地を薄く流し入れフタをし、弱火で約5分加熱する。生地のふちが乾燥して、鍋肌から剥がれてきたらひっくり返す。
4. フタをせず、乾燥させるように約3分加熱する。

仕上げ

[材料] 2人前
- パンケーキ…4枚
- バター…適量
- 自家製マヨネーズ…適量
- ディジョンマスタード…適量
- ローストビーフ…100g
- トマト…1/2個
- キュウリ…1本
- レタス…約4枚
- 玉ねぎ…4g
- オレンジ…適量
- 大根のピクルス…適量

[作り方]
1. パンケーキに、バター、自家製マヨネーズ、ディジョンマスタードを合わせたものを塗り、ローストビーフ、スライスしたトマト、キュウリ、玉ねぎを重ね、パンケーキでサンドする（b-1・2・3）。これを2つつくる（c）。
2. 1のサンドイッチ2つを重ね、十字にカットし器に盛る（d）。バタフライカットしたオレンジ、花のカットを施した大根のピクルスを添える。

フレッシュフルーツとサラダが一体化！

サラダ風オープンサンドパンケーキ

パンケーキ生地にグレープフルーツ、デコポン、アボカド、ミニトマトをのせ焼成。仕上げに野菜と生ハムを添え、見ために華やかな印象を与える。また、生ハムの塩味がワンポイントに。パンケーキとともに焼く具材は、パイナップルやバナナなど温めると甘味の出るフルーツが適している。

食事系のパンケーキ　サンフルール　オーナーシェフ　平野泰三

パンケーキの生地

［材料］1人前
（直径25cm　1枚分）
- P115のパンケーキ生地…150g
- キャノーラ油…適量
- グレープフルーツ…4〜5房
- デコポン…4〜5房
- アボカド…1/2個
- ミニトマト…2個

［作り方］
1. フライパンにキャノーラ油を入れ温め、パンケーキ生地を流し入れる。上に薄皮をむいたグレープフルーツ、デコポン、スライスしたアボカドをバランスよく並べる（a）。中央に半分にカットしたトマトをのせ、フタをして弱火で約5分加熱する（b-1・2）。
2. 表面がふつふつと泡立ち、表面が乾いたら器に盛る。

仕上げ

［材料］
- パンケーキ…1枚
- 水菜…適量
- グリーンレタス…適量
- ミニトマト…2個
- 生ハム…30g
- キュウリ（フラワーカット）…2個
- レモン…適量
- ライム…適量

［作り方］
1. パンケーキの上にカットした水菜、グリーンレタスを盛る。中央に生ハムをバラ盛りし、1/4にカットしたミニトマトを乗せる（c-1・2）
2. キュウリ、バラフライカットしたレモンとライム（d）を添える。

炒めた具、ツナサラダを受け止める
モッチリ生地

ジャガイモすりおろし入りパンケーキ

生地重量の10%にすりおろしたじゃがいもを加え、もっちりとした食感を表現。シメジ、エリンギ、エノキの3種のキノコとベーコンを、ニンニク、塩、胡椒でシンプルに炒め、ツナマヨネーズと合わせて盛る。キノコの歯応えのある食感と、ツナマヨネーズの塩味がパンケーキを食べ進める。

食事系のパンケーキ　サンフルール　オーナーシェフ　平野泰三

パンケーキの生地

[材料] 1人前
（直径25cm…1枚分）
P115のパンケーキ生地…140g
じゃがいも…生地全量の10%
キャノーラ油…適量

[作り方]
1. じゃがいもは皮をむき、おろし金ですりおろす。
2. パンケーキ生地に1を加え、混ぜ合わせる（a）。
3. フライパンにキャノーラ油を入れ温め、2の生地を流し入れてフタをし、弱火で約5分加熱する。生地のふちが乾燥して、鍋肌から剥がれてきたらひっくり返す。
4. 返したらフタをせず、乾燥させるように3分加熱する(b)。

仕上げ

[材料] 1人前
- パンケーキ…1枚
- ベーコンキノコ
  - オリーブオイル…適量
  - ニンニク…1かけ
  - ベーコン…50g
  - シメジ…20g
  - エノキ…30g
  - エリンギ…30g
  - タカノツメ（輪切り）…適量
  - 塩…適量
  - 胡椒…適量
- ツナマヨネーズ
  - ツナ缶…1/2個
  - 自家製マヨネーズ…大さじ2
- レモン…適量
- 人参（この葉カット）…適量
- ドライパセリ…適量

[作り方]
1. ベーコンキノコを作る。鍋にオリーブオイルをしき、みじん切りにしたニンニクを入れる。香りが出たら、短冊切りしたベーコン、適度な大きさにカットしたシメジ、エノキ、エリンギを加え、しんなりするまで炒める（c）。
2. タカノツメを加えさっと和え、塩、胡椒で調味する。
3. ツナマヨネーズを作る。細かくつぶしたツナに、自家製マヨネーズを加え、なめらかになるまで合わせる。
4. 器にパンケーキを盛り、4箇所に3のツナマヨネーズをのせ、上にスライスしたレモンを飾る。パンケーキを十字にカットし、4等分する。
5. 中央にベーコンキノコを盛り、人参この葉カット、ドライパセリを飾る（d）。

- 編　　　集／井上久尚　鈴木絢乃
- アートディレクション／國廣正昭
- デ ザ イ ン／佐藤暢美　栁澤由季恵
- 取　　　材／蜷川実花　大畑加代子　三上恵子
- 撮　　　影／後藤弘行　曽我浩一郎（旭屋出版）
  　　　　　　川井裕一郎　野辺竜馬　東谷幸一

パンケーキ
プロフェッショナル　テクニック

発 行 日	2015年5月29日　初版発行
編　　集	旭屋出版編集部編
発 行 人	早嶋　茂
制 作 者	永瀬正人
発 行 所	株式会社 旭屋出版
	〒107-0052
	東京都港区赤坂1-7-19 キャピタル赤坂ビル8階
	TEL：03-3560-9065（販売）
	03-3560-9066（編集）
	FAX：03-3560-9071（販売）

旭屋出版ホームページ　http://www.asahiya-jp.com
郵便振替　00150-1-19572

印刷・製本　株式会社シナノ
ISBN978-4-7511-1144-4　C2077
※定価はカバーに表示してあります。
※落丁本、乱丁本はお取り替えします。
※無断で本書の内容を転載したりwebで記載することを禁じます。
©Asahiya-shuppan 2015, Printed in Japan.